Das Geschwisterchen kommt

ElternRatgeber

Rasso Knoller / Uta Scherf

Das Geschwisterchen kommt

Inhalt

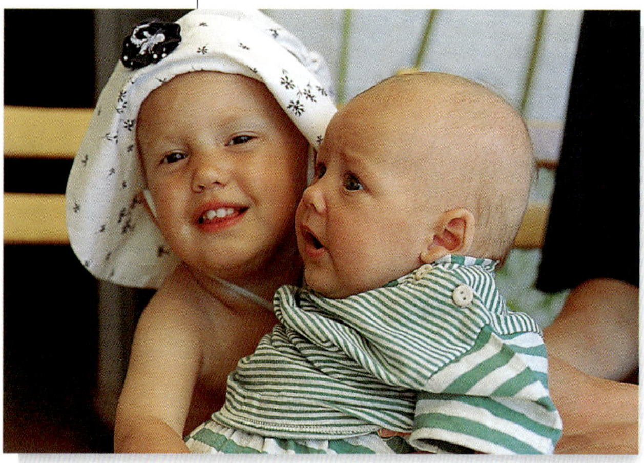

Einleitung

Ein Baby wird geboren. Für die Eltern ist dies eine Zeit großer Freude und intensiver Gefühle. Eine Zeit, an die sie sich ihr Leben lang erinnern werden. Doch nicht immer sind alle Familienmitglieder gleichermaßen glücklich über die Ankunft des Neugeborenen. Ältere Geschwister erleben das Baby oft als „Eindringling" und Konkurrenz um die Liebe der Eltern. Sie verspüren Verlustängste und reagieren mit Eifersucht. Manchmal sind Eltern nach der Geburt so sehr mit dem Neugeborenen beschäftigt, daß sie dazu neigen, die Probleme des älteren Kindes zu „übersehen". Ermahnungen, es solle vernünftig sein, denn es sei schließlich schon größer und älter, sind oft die einzige Reaktion auf sich andeutende Schwierigkeiten.

Dieses Buch will Verständnis für das „Leid" der älteren Geschwister wecken und deren Situation deutlich machen. Es will aber auch zeigen, daß viele Schwierigkeiten gar nicht erst entstehen müssen, wenn das ältere Kind schon während der Schwangerschaft intensiv auf die Geburt des neuen Geschwisterchens vorbereitet wird. Liebe und Zuneigung unter den Geschwistern dürfen von den Eltern nicht vorausgesetzt werden – diese Gefühle müssen gefördert und aufgebaut werden.

Der vorliegende Ratgeber will Eltern ein hilfreicher Begleiter durch die ersten Jahre des Lebens eines Neugeborenen und seiner Geschwister sein. Er will ihnen mit zahlreichen Tips zur Seite stehen, ihnen gleichzeitig aber auch klarmachen, daß jeder Mensch unterschiedlich ist – weshalb es auch keine Patentrezepte in der Kindererziehung geben kann – und daß jedes Kind das Recht hat, eine speziell auf seine Persönlichkeit zugeschnittene Erziehung zu genießen.

Vom richtigen Zeitpunkt der Zweitgeburt

Der Prinz auf dem Thron

Für die meisten Eltern erfüllt sich mit der Geburt des ersten Kindes ein Lebenstraum. Endlich ist der „kleine Prinz" oder „die kleine Prinzessin" da! Mütter und Väter können kaum genug bekommen von ihrem Baby und nehmen sich alle Zeit der Welt, um die Bedürfnisse ihres Kindes umgehend zu befriedigen. Schließlich soll es der oder die Kleine ja gut haben! Jeder Schrei aus dem Kinderwagen wird augenblicklich mit Aufmerksamkeit belohnt. Stolz strahlt die ganze Familie, wenn das Baby erstmals selbständig den Löffel zum Mund führt, die ganze Verwandtschaft wird informiert, wenn es das erste Wort spricht, und jedes Lächeln versetzt Mutter und Vater in Hochstimmung. Aber auch, wenn es dem Kinderwagen entstiegen ist, hat das Erstgeborene weiterhin die elterliche Fürsorge allein für sich. Noch gibt es keine Konkurrenz im heimischen Kinderzimmer, und deswegen haben Mama und Papa (oder zumindest einer der beiden) genügend Zeit, um mit ihm zu spielen, seine Fragen zu beantworten und mit ihm etwas zu unternehmen.

Warum Überbehütung schadet

Durch die ständigen positiven Rückmeldungen auf ihre Aktionen entwikkeln diese „Einzelkinder" meist ein gutes Selbstbewußtsein. Sie sind reifer und in ihrer Entwicklung weiter als Kinder mit Geschwistern im entsprechenden Alter. Kinder, die allzu behütet aufwachsen, haben aber auch mit Problemen zu kämpfen. Da die Eltern ihnen alles auf dem Serviertablett präsentieren, lernen sie nicht, sich gegen Widerstände durchzusetzen. Kommt dann ein Geschwisterchen zur Welt, das schreiend die Aufmerksamkeit der Eltern erkämpft, ziehen sich manche Erstgeborene verletzt zurück. Sie verspüren einen schmerzhaften Liebesentzug.

Das älteste Kind braucht nicht zu teilen – bis das Geschwisterchen da ist

Rückzug oder Aggression?

Die Mutter der zweieinhalbjährigen Danja erzählt:
„Bis zur Geburt unseres Sohnes war Danja ein sehr aufgewecktes und lebhaftes Kind. Am Wochenende unternahmen wir zusammen Ausflüge und waren fast genauso „kitschig-glücklich" wie die Familien in der Fernsehwerbung. In den ersten Wochen, nachdem ich mit dem kleinen Oliver aus dem Krankenhaus nach Hause gekommen bin, ist meinem Mann und mir noch keine Veränderung an unserer Tochter aufgefallen. Natürlich hatten wir nicht mehr soviel Zeit für sie, aber irgendwie schien sie sich gut damit abgefunden zu haben. Seit einigen Wochen ist Danja aber unheimlich empfindlich und verzieht sich, sobald ihr etwas nicht paßt, schmollend in ihr Zimmer."

Viele Einzelkinder haben nie gelernt ihre Bedürfnisse durchzusetzen

Danja hat nicht plötzlich ihren Charakter verändert. Sie hat nur nie gelernt, ihre Wünsche und Bedürfnisse durchzusetzen. Bis jetzt hatten ihr die Eltern jeden Wunsch von den Augen abgelesen und alle Sorge galt ihr allein. Nach der Geburt von Oliver muß sie die Aufmerksamkeit von Papa und Mama aber teilen. Daß die Eltern den neuen Bruder ebenso oder vielleicht sogar mehr beachten als sie, empfindet sie als Betrug an ihrer Person und zieht sich schmollend zurück.

Doch es kann auch anders kommen als in dem beschriebenen Beispiel. Manche Erstgeborene entwickeln ein ausgeprägtes „Das-steht-mir-zu-Gefühl". Da ihnen nie Grenzen gesetzt wurden, werden sie zu fordernden kleinen Tyrannen, die keinen Widerspruch dulden. Solchen Kindern fällt es aber besonders schwer, neue Mitglieder in der Familie zu akzeptieren. Sie wollen ihren bevorzugten Platz nicht räumen und reagieren deshalb mit Ablehnung und Aggression auf ein neues Geschwisterchen.

UNSER TIP

Verhätscheln und verziehen Sie Ihr erstes Kind nicht – das schadet ihm nur. Setzen Sie deutliche Grenzen; aber achten Sie sehr darauf, daß diese nicht willkürlich gezogen werden und für das Kind nachvollziehbar sind.
Außerdem sollten zunächst allein aufwachsende Kinder frühzeitig Kontakt zu anderen bekommen (Nachbarn, gemeinsames Herumtollen auf dem Spielplatz). Kinder, die so von Beginn an den Umgang mit anderen lernen und erfahren, daß sie nicht immer im Mittelpunkt stehen, werden auf die Ankunft eines neuen Geschwisterchens vermutlich mit mehr Toleranz reagieren als die „Prinzen auf dem Thron".

Gibt es einen idealen Altersunterschied?

Eine für jedes Paar gültige ideale Lösung gibt es nicht. Ob und wann sich Eltern für ein zweites Kind entscheiden, hängt von vielen unterschiedlichen Faktoren ab – nicht zuletzt spielen finanzielle und berufliche Aspekte eine wichtige Rolle. Aber auch das Alter des Erstgeborenen dürfen die Eltern nicht außer acht lassen, da ein Kind in einigen Entwicklungsphasen besondere Zuwendung braucht. Wird gerade dann die Aufmerksamkeit vom Neugeborenen in Anspruch genommen, kann sich der Geschwisterkonflikt zusätzlich verschärfen.

Ist eine dichte Geschwisterfolge empfehlenswert?

Eine Mutter erzählt: *„Ich habe zwei Kinder, die mit einem Altersabstand von nur 18 Monaten auf die Welt kamen. Beides waren Wunschkinder, und der geringe Altersabstand war damals von mir ganz bewußt so gewählt worden. Ich wollte nämlich, daß die beiden gemeinsam aufwachsen und miteinander spielen können.“*

Gedanken wie diese hört man oft, wenn Eltern begründen, warum sie ihre Kinder so schnell nacheinander bekommen haben. Auch der Wunsch, die anstrengende Babyphase der Kinder möglichst rasch hinter sich zu bringen, mag für einen solchen Entschluß eine Rolle spielen.

Meist halten diese Hoffnungen der Realität nicht stand, und die Arbeit, die ein zweites Kind mit sich bringt, wird unterschätzt. Dann geht die Freude über die Kinder im Streß des Alltags regelrecht unter.
Die Mutter aus unserem Beispiel bestätigt dies:

Manchmal möchte ein Kind durch Schreien auf sich aufmerksam machen

„Schon bald stellte ich fest, daß der Altersunterschied zwischen den Kindern viel zu gering war und für alle Beteiligten nur vermehrten Streß bedeutete. Ich war eigentlich ständig damit beschäftigt, das Chaos in erträglichem Rahmen zu halten und zu verhindern, daß irgendwo etwas zu Bruch ging. Zu dem ständigen Streß kam bald auch ein schlechtes Gewissen – denn eigentlich konnte ich ja keinem der beiden die Aufmerksamkeit schenken, die es brauchte.“

Ist der Altersunterschied zwischen Erst- und Zweitgeborenen gering, sind die Eltern besonders gefordert

Zwei Kinder – doppelte Anstrengung

Ein Kind benötigt viel Pflege und Aufmerksamkeit, und bei zwei Kindern verdoppelt sich der Aufwand. Diese Gesetzmäßigkeit glauben viele Eltern außer Kraft setzen zu können, ganz nach dem Motto „Wenn ich ein Kind füttere, kann ich auch zwei füttern, wenn ich mit einem spiele, kann ich das auch mit zweien, wenn ich einem vorlese ..." All das ist theoretisch richtig – aber eben nur theoretisch, denn das Verhalten von Kindern ist weder plan- noch voraussehbar. Die Arbeit und das Leben mit ihnen lassen sich nicht nach einem starren Terminplan organisieren, da es ziemlich unwahrscheinlich ist, daß Ihre beiden Kleinen zum gleichen Zeitpunkt spielen wollen und gleichzeitig müde sind. Viel wahrscheinlicher ist es, daß das eine gerade dann putzmunter ist und mit Ihnen spielen will, wenn für das andere Zeit zum Schlafengehen ist. Und genauso wird das ältere Kind wahrscheinlich nicht dann essen wollen, wenn Sie gerade dem Baby die Flasche warm machen, sondern dann, wenn Sie am Wickeltisch stehen und das Kleine trockenlegen.

Die Großen kommen oft zu kurz

Lassen wir auch dazu unsere Mutter zu Wort kommen:
„Ganz besonders hatte unser erstes Kind unter dem Streß zu leiden. Ich hatte einfach nicht mehr genügend Zeit und Kraft, um ihm seinen Anteil an Aufmerksamkeit und Zeit geben zu können. Die Folge war, daß es ständig versuchte, mich mit manchmal recht drastischen Mitteln auf sich aufmerksam zu machen: Mal war das Kinderzimmer mit Babypuder eingestäubt, mal waren die Badezimmerkacheln mit Wachsmalstiften beschmiert, mal mußte ich in der ganzen Wohnung nach den Windeln suchen, die mein Ältestes einfach weggeworfen hatte. All dies führte dazu, daß ich noch gestreßter wurde und immer weniger Zeit für meine Kinder hatte. Ein Teufelskreis hatte seinen Anfang genommen, aus dem der Ausbruch erst gelang, als die Kinder größer wurden und weniger Pflege benötigten."

Diese Aussage ist übrigens nicht als Einzelfall zu werten, sie steht exemplarisch für die meisten Mütter, die in einer vergleichbaren Lage sind.

Die Meinung der Kinderpsychologen

Doch spricht nicht nur der große Pflegeaufwand gegen einen geringen Altersunterschied zwischen Erst- und Zweitgeborenem. Ein Baby beginnt sich mit ein bis eineinhalb Jahren von der Mutter zu lösen. In diesem Alter fängt es allmählich an zu laufen und unternimmt immer öfter selbständige Ausflüge in eine ihm unbekannte Welt. Die neu gewonnene Fähigkeit weckt zwar die Neugier des Kindes, ängstigt es aber auch zugleich. Denn dadurch, daß es sich von der Mutter wegbewegen kann, spürt es erstmals, daß deren Anwesenheit nicht selbstverständlich ist. Sein Unternehmungsgeist und sein Schutzbedürfnis geraten häufig in Konflikt. Oft kann man dann beobach-

ten, daß sich das Kind mutig einige Schritte von seinen Eltern wegbewegt, dann aber scheinbar unmotiviert zu weinen oder zu schreien beginnt. Die Angst, die Mama oder den Papa zu verlieren, hat wieder die Oberhand gewonnen.
Diese für das Kind sehr schwierige Entwicklungsphase dauert bis ins dritte Lebensjahr hinein an und sollte, so die Meinung vieler Kinderpsychologen, nicht durch Störungen von außen behindert werden – eine solche Störung ist, zumindest aus Sicht des Erstgeborenen, die Geburt eines Geschwisterchens.
Als günstiger Altersabstand zwischen dem ersten und zweiten Kind wird von Fachleuten ein Zeitraum zwischen drei und fünf Jahren empfunden. Das ältere Kind ist dann schon selbständiger und benötigt keine so intensive Pflege mehr. Es hat sich außerdem inzwischen soweit von der Mutter gelöst, daß es einen Tag im Kindergarten nicht mehr als schmerzhafte Trennung empfindet (siehe dazu S. 58). Die Mutter hat also mehr Möglichkeiten, ihr Ältestes auch einmal in andere Hände zu geben.
Diese Zeitplanung hat aber auch gravierende Nachteile: Zum einen muß derjenige, der seine Kinder zu Hause betreuen will, sehr lange auf den Wiedereinstieg in das Berufsleben verzichten – denn gerade, wenn das erste Kind aus dem gröbsten heraus ist, ist das zweite unterwegs.

Fachleute sagen: „Der günstigste Altersunterschied liegt zwischen 3 und 5 Jahren“

Erst eins, dann zwei, dann drei, dann vier ...

Auch wenn in einer Familie schon zwei, drei oder mehr Kinder leben, bedeutet Familienzuwachs immer eine Veränderung der Lebensverhältnisse. Am stärksten betrifft diese Veränderung natürlich das jüngste Kind, denn das erlebt das erste Mal eine Schwangerschaft bei seiner Mutter. Deswegen muß das Nesthäkchen besonders intensiv und liebevoll auf den Familienzuwachs vorbereitet werden. Dabei können durchaus die älteren Geschwister mithelfen und dem Kleinen von ihren Erlebnissen nach den früheren Geburten erzählen. Es ist auch denkbar, daß der älteste Bruder oder die älteste Schwester mit dem Jüngsten ein Bilderbuch zum Thema Schwangerschaft durchblättert und ihm erklärt, was gerade im Bauch der Mama passiert.

Das jüngste Kind leidet am meisten

Wenn die Mutter mit dem neuen Baby auf dem Arm aus der Klinik nach Hause kommt, beginnt vor allem für das bis dahin jüngste Kind ein ganz neuer Lebensabschnitt. Während das Älteste immer das Älteste bleiben

Auch in einer großen Familie braucht jedes Kind seinen Platz in der Familie

wird, verliert das Nesthäkchen jetzt seine besondere Position. Von ihm wird nach der Geburt des Babys mehr Selbständigkeit gefordert, und die Mutter, die sich bis dahin ausführlich um „ihren kleinen Liebling" gekümmert hat, hat auf einmal weniger Zeit. Plötzlich nimmt man nicht länger auf das ehemalige Nesthäkchen die meiste Rücksicht, sondern auf den schreienden Familienzuwachs im Kinderwagen. Deswegen wird das Jüngste unter dem Familienzuwachs auch am meisten leiden und mit der größten Eifersucht reagieren.
Die älteren Kinder haben in aller Regel weniger Probleme mit dem neuen Geschwisterchen. Sie wissen von den früheren Schwangerschaften, daß sich durch ein neues Baby das Familienleben zwar verändert, ihnen die Liebe der Eltern aber trotzdem sicher ist. Außerdem sind sie schon älter und logischen Argumenten leichter zugänglich.

Die Großen kümmern sich um die Kleinen

Die älteren Geschwister übernehmen in Großfamilien oft die Rolle des „Beschützers" für das Baby. Sie assistieren der Mutter bei der Babypflege und verteidigen das hilflose Kleine gegen Übergriffe der jüngeren Geschwister. Zu Konflikten kommt es meist erst später, wenn sich das Baby krabbelnd seinen Lebensraum erobert und dabei in die Welt der größeren Geschwister eindringt. Streit gibt es etwa dann, wenn es die „Bravo" der großen Schwester zerknittert oder die Basketballschuhe des Bruders „versteckt". In solchen Fällen handelt es sich aber nicht wie beim entthronten Erstgeborenen beziehungsweise jüngsten Kind in der Geschwisterreihe um Eifersuchtsgefühle. Keines der Kinder will dadurch, daß es das Baby für sein Tun schimpft oder zurückweist, die Liebe der Eltern erzwingen. Es geht hier um ganz normale Geschwisterstreitigkeiten, wie sie in jeder Familie tausendfach vorkommen.

Wie man die Ankunft des Geschwisterchens vorbereiten kann

Das zweite Kind kündigt sich an

Durch die Geburt eines Geschwisterchens ändert sich das Leben des Erstgeborenen einschneidend

Der Bauch wächst, das zweite Kind ist unterwegs. Anders als bei der ersten Schwangerschaft weiß die Mutter die Reaktionen ihres Körpers zu deuten, hat die Erfahrung der Geburt bereits gemacht und sieht das Ganze vermutlich mit mehr Gelassenheit. Während das erste Kind dem Leben der Eltern eine deutliche Richtungsänderung gegeben hat, ändert sich beim zweiten nur wenig: Man wird vielleicht ein neues Kinderzimmer einrichten, die Arbeit im Haushalt umverteilen und einen neuen Babysitter engagieren. Ganz anders ist die Situation für das Erstgeborene. Es erlebt eine Schwangerschaft der Mutter zum ersten Mal, und durch die Geburt einer kleinen Schwester oder eines kleinen Bruders wird sich sein Leben einschneidend verändern. Denn plötzlich taucht in seinem Reich ein schreiender Konkurrent auf, der mit ihm um die Liebe und die Zuneigung der Eltern wetteifert. Das Erstgeborene wird mit der Geburt des zweiten Kindes auf jeden Fall Einschränkungen in Kauf nehmen müssen. Auch Eltern, die ihre Liebe gerecht verteilen, werden plötzlich nicht mehr soviel Zeit zum Spielen haben. Sie werden häufiger gestreßt sein und deswegen die Bedürfnisse des älteren Kindes weniger beachten. Die Folge: Das Erstgeborene fühlt sich zurückgesetzt und hat Angst, die Liebe seiner Eltern zu verlieren.

Warum die Vorbereitung wichtig ist

Die sich ankündigende Veränderung zeigt sich nicht zuletzt auch in der räumlichen Situation. Denn oft muß das Erstgeborene einen Teil seines Zimmers für den Neuankömmling räumen oder die Einrichtung eines zweiten Kinderzimmers verfolgen. Treffen all diese Veränderungen das Kind unvorbereitet, wird es die Geburt des Geschwisterchens als schweren Schock erleben. Viele Eltern glauben, daß sich das Erstgeborene ebenso wie sie auf das neue Baby freuen müßte. Im Idealfall kann dies durchaus der Fall sein, es wird aber nie ohne Zutun der Eltern geschehen. Während die Elternliebe uns von der Natur mitgegeben wurde, existiert etwas Ähnliches für Geschwister – wie so mancher aus eigener leidvoller Erfahrung weiß – nicht (siehe dazu S. 49). Also muß das Erstgeborene auf die Geburt des Geschwisterchens während der Schwangerschaft intensiv vorbereitet werden. Wie man dies am besten macht, hängt vom Alter des Erstgeborenen ab.

Was versteht mein Kind?

Ist das Erstgeborene noch jünger als ein Jahr, sind ausführliche Erklärungen der Eltern fehl am Platz. Ein Baby ist in den ersten Monaten seines Lebens vollständig damit beschäftigt, sich selbst und seine Umwelt zu erforschen. Was ein Geschwisterchen ist und was dessen Ankunft bedeuten kann, weiß es natürlich noch nicht. Trotzdem ist es sinnvoll, wenn die Mutter das Baby immer wieder einmal ihren „dicken Bauch" befühlen und streicheln läßt. So begreift es im wahrsten Sinn des Wortes, daß sich im Körper der Mutter etwas verändert. Daß dort ein zweites Baby heranwächst, wird es zunächst trotzdem noch nicht verstehen.

Im Lauf der Zeit kann man ihm aber durchaus näherbringen, daß dort im Bauch der Mama ein neues Geschwisterchen heranwächst. Sehr wichtig ist außerdem, daß das Erstgeborene während der gesamten Schwangerschaftszeit Liebe und Aufmerksamkeit von beiden Elternteilen erfährt. Insbesondere die Männer sind in dieser Phase gefordert. Nur wenn auch die Väter ein inniges Vertrauensverhältnis zu ihrem Kind aufbauen, wird es die zeitweise Trennung von der Mutter während des Krankenhausaufenthalts vor und nach der Entbindung nicht als Bedrohung empfinden (siehe S. 28). Ein solch negatives Gefühl würde vom Erstgeborenen aber unweigerlich mit dem neuen Baby, das mit der Mutter aus der Klinik kommt, in Zusammenhang gebracht. Selbstverständlich laufen solche Prozesse bei Kleinkindern nicht bewußt ab, doch sollten wir Erwachsene die Aufnahmefähigkeit eines Kleinkindes nicht unterschätzen. Wer glaubt, sein Kind nicht auf die Geburt eines Geschwisterchens vorbereiten zu müssen, weil es ohnehin viel zu klein ist, um das zu verstehen, legt, ohne es zu wollen, den Grundstein für spätere Konflikte in der Familie.

Der Vater ist eine der wichtigsten Bezugspersonen für das Kind

Bei Kindern unter 18 Monaten reichen verbale Erklärungen nicht aus – Bilderbücher sind hier hilfreich

12 bis 18 Monate

Im Alter zwischen einem und eineinhalb Jahren beginnen Kinder zu sprechen. Das heißt, daß mit ihnen nun eine einfache (!) Kommunikation auf verbaler Ebene möglich ist. Dennoch reichen Worte allein nicht aus. Jede Erklärung oder Erläuterung sollte durch einfaches Bildmaterial unterstützt werden. Die Abstraktionsfähigkeit des Kindes ist nämlich noch nicht so weit, daß es allein durch Worte verstehen könnte, was eine Schwangerschaft ist. Helfen kann hier beispielsweise, mit dem Kind ein Bild von der Mama und dem Baby im Bauch zu zeichnen oder ein Bilderbuch zum Thema Schwangerschaft anzuschauen. Tips zur geeigneten Literatur finden Sie im Anhang dieses Buches (siehe S. 74).

18 bis 36 Monate

Im Alter zwischen eineinhalb und drei Jahren machen Kinder sehr schnelle Fortschritte in ihrer Entwicklung. Die stolzen Eltern können nahezu täglich erzählen, daß ihr Kind „schon wieder etwas gelernt hat". Obwohl die Kleinen in dieser Phase ihre ersten Ausflüge in die Selbständigkeit unternehmen und in der Nachbarschaft oder dem Kindergarten Freundschaften schließen, sind sie nach wie vor sehr anhänglich und wollen von der Mutter beziehungsweise den Eltern umsorgt und umhegt werden. Wird die Mutter jetzt erneut schwanger, ist eine intensive Vorbereitung des Erstgeborenen auf das neue Geschwisterchen äußerst wichtig. Da Kinder in diesem Alter sehr wissensdurstig sind, werden sie ohnehin nach dem Grund für Mamas dicken Bauch fragen. Diese Neugierde sollten die Eltern ausnutzen und das Erstgeborene ausgiebig in die Schwangerschaft mit einbeziehen. Niemals dürfen Fragen mit dem Argument *„Das verstehst du noch nicht"* unbeantwortet bleiben. So würde schon vor der Geburt eine unsichtbare Mauer zwischen dem Erstgeborenen und seinem jüngeren Geschwisterchen aufgebaut.
Im Alter von drei Jahren beginnt das Kind, Zusammenhänge zu begreifen und entwickelt ein gutes Sprachgefühl. Es kann auch schon komplexere Erklärungen gut nachvollziehen. Bei der Erläuterung der Vorgänge, die sich während der Schwangerschaft im Bauch der Mutter ereignen, kann man deshalb schon weiter ausholen. In diesem Alter werden dann oft auch Fragen gestellt, die manchen Eltern die Schamröte ins Gesicht treiben. Auch in diesen Fällen sollten Sie sich nicht vor der Beantwortung drücken!

Älter als drei Jahre

Je älter Ihr Kind wird, desto leichter kann man ihm erklären, was es heißt, ein Geschwisterchen zu bekommen. Dies bedeutet aber nicht unbedingt, daß die Geburtsvorbereitung von nun an völlig unproblematisch wird.
Denn im Alter zwischen drei und sechs Jahren machen die Kinder nicht nur eine große geistige Entwicklung durch, sie durchlaufen auch das sogenannte Trotzalter. In dieser Zeit entwickelt sich das Kind zu einer kleinen Persönlichkeit mit eigenen Wünschen und Forderungen. Es wird selbständi-

ger und will seine Interessen auch durchsetzen. Auf Verbote durch die Eltern (aber nicht nur darauf!) reagiert es mit Trotz. Der Grund für einen Trotzanfall ist für uns Erwachsene oft nicht nachvollziehbar, und deswegen wird so manches Kind in dieser Zeit für seine Eltern unberechenbar. Diese Sprunghaftigkeit sollte man einkalkulieren, wenn man mit seinem Kind über die Schwangerschaft und das kommende Geschwisterchen spricht. Wenn Ihr Kind während Ihrer Erklärungen plötzlich die Lust zum Zuhören verliert, zwingen Sie es nicht dazu.

Nach der Trotzphase

Wenn Ihr Kind älter als fünf oder sechs Jahre ist, wird die Vorbereitung auf den Familienzuwachs relativ einfach. Das Kind zeigt bei logischen Argumenten Verständnis, und sein Sinn für Gerechtigkeit beginnt sich zu entwickeln. Außerdem neigt sich die Trotzphase ihrem Ende entgegen. Wenn Mama und Papa mit ihrem Kind über die Schwangerschaft sprechen, seine Fragen geduldig beantworten und es auch auf die praktischen Veränderungen vorbereiten, die mit der Geburt des Geschwisterchens verbunden sind, wird das Kind kaum Probleme haben, den Familienzuwachs zu akzeptieren. Damit das auch nach der Geburt so bleibt, müssen die Eltern beiden Kindern gleichermaßen gerecht werden und beide ausreichend mit Liebe und Streicheleinheiten versorgen. Denn, wird das ältere Kind nach der Geburt des Geschwisterchens plötzlich weniger beachtet, sind Eifersuchtsanfälle die natürliche Folge.

Wann und wie sag ich's meinem Kinde?

Den meisten Eltern ist durchaus klar, daß sie ihrem Erstgeborenen vom kommenden Familienzuwachs erzählen müssen. Die Unsicherheit darüber, wie und wann man das am besten machen sollte, läßt sie aber den Zeitpunkt für das Gespräch oft hinausschieben. Erst wenn der Bauch der Mutter den Zustand unübersehbar werden läßt, „gestehen" sie die Schwangerschaft. Kein sonderlich geeigneter Zeitpunkt, denn der bedrohlich wachsende Bauch der Mama wie auch andere wahrgenommene Veränderungen sind für das Kind etwas Unerklärliches. Nicht selten denkt es, die Mama sei krank und würde irgendwann platzen. Solche Ängste sind für das Kind durchaus real und können bei ihm unter Umständen zu erheblichen psychischen und physischen Störungen führen.

Deswegen sollte man so früh wie möglich mit dem Kind über die bevorstehende Veränderung reden. Ein einziges Gespräch unter dem Motto *„Mama muß dir heute etwas erzählen"* ist aber als Vorbereitung auf die Geburt eines Geschwisterchens mit Sicherheit nicht ausreichend. Vielmehr muß das Kind von Anbeginn der Schwangerschaft mit einbezogen werden.

Das Erstgeborene sollte so früh wie möglich von der neuen Schwangerschaft erfahren

Nützliche Hilfsmittel

Den Einstieg findet man am leichtesten mit Hilfe von Bildern beziehungsweise Bilderbüchern, anhand derer man die Schwangerschaft erklären

Beziehen Sie Ihr Kind mit in die Geburtsvorbereitung ein – beantworten Sie vor allem seine Fragen

kann. Eine Liste solcher Bücher finden Sie im Anhang dieses Ratgebers (siehe S. 74). Besonders empfehlenswert für Kinder ab fünf Jahren ist das Buch „Peter, Ida und Minimum“ der schwedischen Autorinnen Grethe Fagerström und Gunilla Hansson. In ihm wird mit einfachen Worten und viel anschaulichem Bildmaterial alles Wissenswerte rund um die Schwangerschaft vermittelt.
Sie können mit Ihrem Kind aber auch Photos ansehen, auf denen Sie zu sehen sind, als Sie mit Ihrem Erstgeborenen schwanger waren. Wenn man ihm dann erzählt, daß es selbst einmal im Bauch der Mutter war, begreift es allmählich, daß da im Bauch ein richtiges Baby heranwächst. Viele stolze Familienväter haben die Schwangerschaft ihrer Frau auch auf Video festgehalten. Bei einem gemeinsamen Videonachmittag kann man damit dem Kind viele seiner Fragen rund um die Schwangerschaft beantworten – noch dazu mit einem Film, in dem es selbst der, wenn auch unsichtbare, Hauptdarsteller war. Ganz gewissenhafte Eltern drehen schon bei der ersten Schwangerschaft bewußt ein „Aufklärungsvideo“ für die Zeit der zweiten Schwangerschaft.

Gemeinsam Vorbereitungen treffen

Wer Bekannte oder Freunde hat, die selbst ein Baby haben, kann einen Besuch bei ihnen zum Anlaß nehmen, um mit seinem Kind über das kommende Geschwisterchen zu sprechen. Je nachdem, wie alt das eigene Kind ist, kann es das Baby streicheln, es auf den Arm nehmen oder ihm vielleicht sogar die Flasche geben. Dadurch lernt es, die Bedürfnisse eines Babys leichter zu verstehen und begreift, daß Rücksichtnahme auf das zunächst hilflose Neugeborene unabdingbar ist. Auch beim Kauf der Babyausstattung sollte das Erstgeborene dabei sein und ein „gewichtiges Wort“ mitzusprechen haben. Es darf mithelfen, die Babykleidung auszusuchen, den Wickeltisch zu kaufen und die Windeln und die Babycreme in den Einkaufswagen zu packen. Je mehr das Erstgeborene in die Geburtsvorbereitung mit einbezogen wird, desto mehr hat es das Gefühl, daß das Baby auch „seines“ ist, und desto geringer werden später die Konkurrenzgefühle sein.
Wenn das neue Geschwisterchen ins Kinderzimmer ziehen soll, ist es wichtig, das Erstgeborene, das einen Teil seines Reichs aufgeben muß, in den Entscheidungsprozeß mit einzubeziehen. Wenn Sie Ihr Kind beispielsweise fragen: *„Sollen wir das Babybett hier oder dort aufstellen?“*, ist das immer besser, als wenn Sie einfach über seinen Kopf hinweg bestimmen: *„Hier kommt das Bett für das Baby hin.“*
Auch beim Einräumen der Babysachen ins Kinderzimmer sollte das Erstgeborene dabeisein und mithelfen. Das Älteste muß aber einen Bereich für sich wählen können und darf nicht die Angst haben, verdrängt zu werden. Keinesfalls darf es glauben, *„hier nehmen mir die Eltern etwas weg und geben es dem Baby“*. Statt dessen müssen die Eltern bei ihm das Gefühl aufbauen, daß es auch nach der Geburt des Babys über einen Teil des Kinderzimmers ganz allein bestimmen kann.

Das größere Kind kann bei Freunden gut lernen, welche Bedürfnisse ein kleines Baby hat

Ein Beispiel: Wenn das ältere Kind für das Baby einen Teil des Kleiderschrankes räumen muß, kann man ihm als Ersatz vielleicht eine eigene Truhe für seine Spielsachen kaufen.

Das Ungeborene wird ein Teil der Familie

In manchen Familien gibt man auch dem Ungeborenen bereits einen Namen. Dadurch wird es (nicht nur) für das Kind zu einer richtigen Person, es bekommt schon vor der Geburt einen Platz in der Familie. Weiß man schon, welches Geschlecht das Baby haben wird, kann man gleich mit dem geplanten Vornamen über das neue Geschwisterchen sprechen. Aber auch ein „vorübergehender" Name tut seinen Zweck.

Ab dem sechsten Schwangerschaftsmonat wird der Bauch der Mutter unübersehbar. Dann sollte man das ältere Kind immer wieder mal darüber streicheln und die Bewegungen des Ungeborenen fühlen lassen. Durch die Vertrautheit, die so entsteht, kann man beim älteren Kind schon vor der Geburt zärtliche Gefühle für das Baby wecken.

Keine falsche Scham

Die Erklärung, daß die Mami ein Baby bekommt und daß es im Bauch heranwächst, wird Ihrem Kind schon bald nicht mehr ausreichen. Dann will es wissen, wie und warum ein Kind entsteht und wo es herkommt. Allerlei

UNSER TIP

Besonders intensiv kann man die Bewegungen des Ungeborenen in einem entspannenden warmen Bad spüren. Nehmen Sie Ihr Kind einmal bewußt mit in die Badewanne, und geben Sie ihm so die Gelegenheit, das Baby „hautnah" zu erleben. Außerdem stärkt das gemeinsame Bad auch die Bande zwischen Mutter und dem Erstgeborenen – etwas, das der Schwangerschaft sehr wichtig ist.

Aufklärung? Sprechen Sie die Dinge kindgerecht aber deutlich an

Fragen, die manchen Eltern peinlich sind. Versuchen Sie es nicht mit den „Schmetterlingen und Bienen", das schafft eher Verwirrung als Klarheit. Vielmehr sollten Sie die Dinge beim Namen nennen und Ihr Kind auf verständliche und kindgerechte Weise in die Geheimnisse der menschlichen Fortpflanzung einweihen. Selbstverständlich muß das Niveau Ihrer Aufklärungsstunde dem Alter des Kindes angepaßt sein. Sie dürfen das Kind weder unterfordern – dann fühlt es sich von Ihnen nicht ernst genommen – noch überfordern. Im letzteren Fall verlöre es schnell das Interesse an Ihren Erklärungen, und das neue Geschwisterchen bliebe ihm nach wie vor ein Rätsel.

Manche Eltern haben Schwierigkeiten, offen über „intime Dinge" zu sprechen. Hier kann es helfen, ein kindgerechtes Buch zum Thema Schwangerschaft (siehe S. 74) zu kaufen und es zusammen mit dem Kind durchzulesen. Allerdings: Fragen, die das Buch nicht beantworten kann, bleiben immer bei Ihnen hängen und wollen beantwortet werden.

Wenn es langsam ernst wird

Vorsorgeuntersuchungen – mit oder ohne Kind?

Manche Mütter nehmen ihr Erstgeborenes auch mit zu den Vorsorgeuntersuchungen beim Frauenarzt. Anderen ist die Untersuchung beim Gynäkologen schon lästig und peinlich genug, so daß sie nicht auch noch ihr Kind dabeihaben wollen. Jüngeren Kindern bringt der Arztbesuch ohnehin nichts, sie verstehen nicht, was es mit der Untersuchung der Mutter auf sich hat, und entwickeln manchmal sogar Angst. Ist das Kind aber schon etwas älter, kann man sich durchaus überlegen, ob man es nicht einmal mit zur Vorsorgeuntersuchung nehmen will. Wenn es dann bei der Kardiotokographie (= Messung der Herzschlagfrequenz des Kindes) den Herzschlag des Ungeborenen hören oder sogar dessen Körperumrisse bei der Ultraschalluntersuchung auf dem Monitor erkennen kann, erhält es schon eine erste konkrete Vorstellung von seinem Geschwisterchen. Allerdings kann es sein, daß Ihr Kind von der „Videoshow" beim Doktor ziemlich enttäuscht ist, denn manchmal erkennen auch Erwachsene nur mit viel Phantasie die Umrisse des Ungeborenen auf dem Schirm.

Vieles, was beim Arzt passiert, löst möglicherweise Ängste beim Kind aus. Die Untersuchung der Mutter empfindet es oft als bedrohend und reagiert dementsprechend mit Tränen. Bevor Sie Ihr Kind mit zur Vorsorgeuntersuchung nehmen, sollten Sie ihm genau erzählen, was dort auf es zukommt. Außerdem müssen Sie natürlich den Arzt um sein Einverständnis bitten, ob Sie das Kind überhaupt mitbringen dürfen. Keinesfalls sollten Sie Ihr Kind mit zum Arzt nehmen und es dann im Wartezimmer sitzen lassen, bis die Vorsorgeuntersuchung abgeschlossen ist. Die fremde und wenig kindgerechte Umgebung würde Ihr Kind zu sehr einschüchtern. Wenn die Mutter dann durch die Tür des Behandlungszimmers verschwindet, ist ein reißender Tränenstrom meist die unausweichliche Folge.

Keine falschen Versprechungen

Viele Eltern versuchen, die Vorfreude auf das Geschwisterchen durch unrealistische Versprechungen zu steigern. Sie preisen die Vorzüge eines Babys an und versprechen: *„Du bekommst einen ganz tollen Spielkameraden"* oder *„Ihr werdet viel Spaß miteinander haben."* Vielleicht kann man so bei einem Einzelkind, das gegen etwas Abwechslung im Spielzimmer sicher nichts einzuwenden hat, tatsächlich die Freude aufs Baby wekken. Doch nach der Geburt wird die Freude schnell in Enttäuschung umschlagen. Denn eigentlich hatte es sich ja einen Fußballpartner und Gegner für seine Computerspiele und nicht ein kleines schreiendes Wesen gewünscht. In der Folge werden es die Eltern schwer haben, das Interesse für das neue „uninteressante" Geschwisterchen zu wecken. Es wird jetzt allenfalls noch als lästige Konkurrenz um die Liebe der Eltern zur Kenntnis genommen.

Ersparen Sie Ihrem Kind solche Enttäuschungen, und sagen Sie ihm von Anfang an, was es zu erwarten hat. Nämlich ein Baby, das erst einige Jahre liebevolle Pflege und Zuwendung braucht, bevor es als „Fußballtorwart" eingesetzt werden kann.

Machen Sie Ihrem Erstgeborenen rechtzeitig klar: Das neue Baby ist (noch) kein Spielkamerad

Das richtige Maß einhalten

Es ist wichtig und richtig, das Erstgeborene intensiv auf die Geburt seines neuen Geschwisterchens vorzubereiten. Falsch wäre es aber, während der Schwangerschaft jeden Anlaß dazu zu nutzen, dem Erstgeborenen vom zukünftigen Baby zu erzählen. Wenn das Geschwisterchen schon vor seiner Geburt ständig im Mittelpunkt des Interesses steht, kann dies zu Eifersuchtsgefühlen und Aggression gegen das Ungeborene führen. Die Vorfreude auf den kleinen Bruder oder die kleine

In einer entspannten Atmosphäre können die Eltern das Kind gut auf die kommenden Veränderungen vorbereiten

Schwester geht dadurch schnell verloren. Spielsachen, die für das Neugeborene gedacht sind, werden kaputtgemacht oder Zeichnungen, auf denen der dicke Bauch der Mutter zu sehen ist, zerrissen. Im Extremfall kann sich die Aggression sogar gegen die Mutter beziehungsweise das in ihrem Bauch „versteckte" Ungeborene richten. Das Erstgeborene wehrt sich dann mit Tritten und Schlägen gegen den noch unsichtbaren Konkurrenten.

Ein Beispiel

Herr und Frau M. waren außer sich vor Freude, als sie erfuhren, daß sie endlich ein zweites Baby bekommen würden. Lange schon hatten sie sich Familienzuwachs gewünscht, doch irgendwie hatte es nie geklappt. Die Eltern wollten ihren Erstgeborenen, den vierjährigen Dominik, in ihre Freude miteinbeziehen und erzählten ihm sofort die Neuigkeit. Dominik reagierte zunächst desinteressiert. Die Eltern waren über diese Reaktion zwar enttäuscht, doch sie gaben nicht auf. Irgendwie mußte sich doch auch bei ihm die Vorfreude auf das Kind wekken lassen. Sie schleppten haufenweise Aufklärungsbücher nach Hause und blätterten sie immer wieder mit ihm durch. Besuche bei Freunden, die eben ein Baby bekommen hatten, standen von nun an auf Dominiks Pflichtprogramm, und überall sollte er sich mit dem „süßen Baby" beschäftigen. Die Eltern erzählten ihm immer wieder von ihrer großen Freude, und sie waren zunehmend enttäuscht, wenn er nicht wie gewünscht reagierte. Eines Tages, als die Mutter bereits im siebten Monat schwanger und ihr Bauch schon deutlich zu erkennen war, wollte sie wieder einmal mit Dominik über das bevorstehende freudige Ereignis sprechen. Mit Bilderbüchern auf dem Schoß setzte sie sich neben ihn und begann, ihm wieder vom Baby zu erzählen. Plötzlich schnappte sich Dominik eines der Bücher und schlug damit der Mutter auf den Bauch. „Immer nur das Baby" brüllte er. „Ihr habt das da drin viel lieber als mich." Heulend rannte er raus.

Gehen Sie behutsam vor

Wie man deutlich sehen kann, hat die Mutter aus diesem Beispiel in ihrer verständlichen Vorfreude auf das Baby des Guten zuviel getan. Sie hatte das ungeborene Kind so sehr ins Zentrum des Familienlebens gerückt, daß sich Dominik zurückgesetzt und nicht mehr geliebt fühlte. Obwohl das Baby noch im Bauch der Mutter war, spürte er bereits die drohende Konkurrenz und reagierte darauf aggressiv.

Bedenken Sie also: Wenn Ihr Kind anfänglich Ihre Vorfreude nicht teilt, versuchen Sie, es behutsam auf das neue Baby einzustellen. Wenn Sie immer wieder ihre Freude über die Schwangerschaft erwähnen, kann sich Ihr Erstgeborenes schnell zurückgesetzt fühlen.

Nicht alle Kinder reagieren mit Aggression auf einen vermeintlichen Liebesentzug durch die Eltern. Manche Kinder ziehen sich statt dessen in sich selbst zurück und wirken verstockt und mißmutig. Da sich ihr Zorn nicht offen äußert, lassen sich in solchen Fällen die Ursachen für das veränderte Verhalten des Kindes nicht immer einfach finden.

Auch am Ende der Schwangerschaft braucht das ältere Kind seine Streicheleinheiten von der Mutter

Der Geburtstermin rückt näher

Die letzten Wochen vor der Geburt sind für Schwangere oft nicht einfach. Ihr dicker Bauch behindert sie nicht nur bei der täglichen Arbeit, sondern auch bei der Beschäftigung mit dem Kind.

Beim gemeinsamen Spaziergang muß Mama schon nach wenigen hundert Metern eine Pause einlegen. Sie kann sich nicht mehr zum Kind hinabbükken, und mit ihm herumzutollen, das geht schon lange nicht mehr. Wenn ihr das Kind die Arme entgegenstreckt, um hochgehoben zu werden, kann sie nur ablehnend mit dem Kopf schütteln oder auf Papa verweisen. All diese Veränderungen bleiben dem Kind naütrlich nicht verborgen. Und je weniger es diese verstehen kann, um so größer wird die Enttäuschung sein.

UNSER TIP

Obwohl das Herumtollen mit Ihrem Kind nicht mehr geht und Sie bei einigen Spielen nur noch Zuschauer sind, können Sie mit ihm immer noch Bücher anschauen, malen oder singen. Auch wenn Sie Ihr Kind nicht mehr hochheben können, Schmusen muß immer noch drin sein. Ihr Kind soll merken, daß Ihre Liebe zu ihm nicht abgenommen hat.

Wurde ihm nicht rechtzeitig erklärt, was eine Schwangerschaft so alles mit sich bringt, kann es jetzt zu Problemen kommen. Es versteht nicht, warum Mama plötzlich nicht mehr soviel mit ihm spielt, fühlt sich zurückgesetzt und reagiert häufig mit Trotz. Es will nun gerade das erzwingen, was ihm verweigert wird.

Aber selbst, wenn es weiß, warum die Mami weniger mit ihm spielt, heißt das noch nicht, daß sich das Kind einfach damit abfindet. Auch dann kann es sein, daß es sein Recht lautstark einfordert. Die Eltern sollten in diesem Fall mit Verständnis reagieren und versuchen, dem Kind die besondere Situation zu erklären. Aber: Sie sind nicht die Sklaven der Launen ihrer Kinder. Hilft eine ruhige und sachliche Erklärung nichts, sollte man durchaus deutlich Grenzen setzen. Was Ihr Kind jetzt vor allem braucht ist Liebe, und das ist nicht mit Nachgiebigkeit zu verwechseln.

Das sollten Sie beachten:

- Bereiten Sie Ihr Kind frühzeitig auf das neue Geschwisterchen vor.
- Machen Sie Ihrem Kind nichts vor. Das neue Geschwisterchen wird zunächst ein hilfloses Baby und kein toller Spielkamerad sein.
- Fördern Sie bei Ihrem Kind das Verständnis für die besonderen Bedürfnisse von Babys (zum Beispiel durch Besuche bei Freunden, die vor kurzem ein Baby bekommen haben).
- Beziehen Sie das Kind in Aktivitäten, die die Vorbereitung auf die Geburt betreffen, mit ein (zum Beispiel Kauf der Babykleidung, Einrichtung des Kinderzimmers oder Besuch beim Arzt).
- Verdrängen Sie das Erstgeborene nicht aus seinem Lebensraum (es sollte beispielsweise nicht sein Zimmer für das Baby räumen müssen).
- Beantworten Sie auch „peinliche“ Fragen.
- Passen Sie das Niveau Ihrer Erklärungen dem Alter des Kindes an (Bilderbücher, Zeichnungen, Photos und Videos können das Erklären erleichtern).
- Stellen Sie den Kontakt zwischen Ihrem Kind und dem Ungeborenen her, indem Sie Ihr Kind zum Beispiel immer wieder den Bauch der Mutter berühren lassen.
- Übertreiben Sie nicht – stellen Sie nicht ständig das ungeborene Kind in den Mittelpunkt.

Was tun in der Zeit der Geburt?

Mama kommt in die Klinik

Je näher der Tag der Entbindung rückt, desto stärker sind die Väter gefragt. Sie müssen in dieser Zeit einen erheblichen Teil der Kinderpflege und -erziehung übernehmen. Dies gilt vor allem, wenn das älteste Kind noch sehr klein ist. Beginnt ein Papa erst kurz vor der Geburt des zweiten Kindes, sich mehr oder weniger stark in diesen Bereichen zu engagieren, ist es zu spät. Dann wird er kaum mehr als ein schwacher Ersatz für die heißgeliebte Mama sein können. Daher sollten Väter sich so früh wie möglich darin üben, auch mal alleiniger Ansprechpartner für das Kind zu sein.

Wer kümmert sich um das Kind?

Schon frühzeitig sollte geklärt werden: Wer kümmert sich um das Erstgeborene, während die Eltern zur Entbindung im Krankenhaus sind

Irgendwann kommt der große Augenblick. Die Wehen setzen ein, und die Mama muß ins Krankenhaus gebracht werden. Oft findet der Aufbruch in aller Eile statt und wirkt deswegen für das zurückbleibende Kind etwas beängstigend. Hat sich der Vater entschlossen, die Entbindung nicht in der Klinik mitzuerleben, kann man das Erstgeborene durchaus mit auf den Weg ins Krankenhaus nehmen. Zusammen mit dem Vater verabschiedet es dort die Mutter und kehrt mit ihm nach Hause zurück. So bleibt ihm erspart, von beiden Elternteilen zugleich Abschied nehmen zu müssen.
Kleinkinder bis zum Alter von etwa zweieinhalb Jahren haben kein Zeitgefühl. Der Satz *„In ein paar Tagen kommt die Mami wieder nach Hause"* kann sie nicht trösten. Denn wie lang beziehungsweise wie kurz ein Tag ist, können sie nicht einschätzen. Wenn der Papa nun im gleichen Augenblick das Haus verläßt, und sei es auch nur, um die schwangere Mutter in die Klinik zu fahren, fühlt sich das Kind völlig allein gelassen.
Viele Männer möchten ihrer Frau im Kreißsaal beistehen. Dann allerdings läßt es sich nicht vermeiden, daß das Erstgeborene einige Stunden oder vielleicht sogar einen Tag ohne seine Eltern auskommen muß. Bei älteren Kindern ist das kein Problem. Die werden sich vorübergehend auch bei der Oma und dem Opa oder bei guten Freunden der Familie wohlfühlen. Bei Kleinkindern muß man sich aber frühzeitig um eine geeignete Betreuung zu Hause kümmern. Sollen beispielsweise die Großeltern einspringen, ist es ratsam, sie schon einige Tage vor der Entbindung ins Haus zu holen. So kann sich das Kind an die neuen „Mitbewohner" gewöhnen. Wenn die Eltern die Wohnung in Richtung Klinik verlassen, bleiben dann wenigstens andere Bezugspersonen zurück.

Geborgenheit ist wichtig

Läßt es sich trotz allem nicht umgehen, daß das Erstgeborene außerhalb der eigenen vier Wände betreut wird, muß es diese Wohnung von früheren Besuchen her gut kennen. Wer bei-

spielsweise sein Kleinkind während der fraglichen Zeit bei guten Freunden „unterbringen" will, sollte diese in den Wochen vorher immer wieder besuchen. Vielleicht kann man in deren Wohnung sogar eine kleine Spielecke für das Kind einrichten, so daß ihm zumindest ein kleiner Teil der fremden Umgebung vertraut ist. Auf jeden Fall gehört das eigene Bettchen mit ins Gepäck, wenn das Erstgeborene auf die Reise zu Freunden oder zu den Großeltern geht.

Achten Sie auch darauf, daß Ihr Kind während Ihrer Abwesenheit nicht mehrmals seinen Aufenthaltsort wechseln muß. Freitags bei Tante Emma, samstags bei der Oma und am Sonntag bei der Nachbarin – eine solche Aufteilung ist nicht zu empfehlen. Kinder gewöhnen sich wesentlich schwerer als Erwachsene an eine neue Umgebung. Deswegen kann der häufige Ortswechsel, noch dazu, wenn er ohne Papa und Mama stattfindet, zu ernsten Störungen in der Psyche des Kindes führen. Schlaflosigkeit, Nervosität oder eine wachsende Menschenscheu sind nur einige der Probleme, die auftreten können. Keinesfalls dürfen Sie Ihr Kind während Ihres Klinikaufenthalts bei einer ihm unbekannten Person zur Betreuung abgeben. Dies könnte zu einem traumatischen Erlebnis für das Kind werden.

Wenn sich der Papa viel um das Kind kümmert, fällt die Trennung von der Mama weniger schwer

Ältere Kinder verkraften schon mehr

Für Kinder ab etwa zweieinhalb Jahren bedeutet eine kurzzeitige Trennung von der Mutter keine Katastrophe. Sie

Ältere Kinder sehen einen Aufenthalt bei Verwandten oder Bekannten als willkommene Abwechslung an

können in der Regel auch schon ein paar Tage ohne sie auskommen. Das gilt besonders dann, wenn die Kinder sich mit dem Papa gut verstehen und der sich während der Abwesenheit der Mutter besonders viel Zeit für sie nimmt. Auch ein Aufenthalt bei den Großeltern oder Freunden der Familie wird wahrscheinlich eher als Abenteuer denn als Streß empfunden. Ältere Kinder können unter Umständen auch zusammen mit dem Papa im Krankenhaus auf die Geburt des neuen Geschwisterchens warten.

UNSER TIP

Organisieren Sie schon frühzeitig, wie und von wem Ihr Ältestes unmittelbar vor und nach der Entbindung versorgt werden soll. Verfügen Sie nicht einfach über das Kind, sondern gehen Sie auch auf seine Wünsche ein.

Mit dem Kind in den Kreißsaal?

Nachdem seit ein paar Jahren die Männer mit in den Kreißsaal beziehungsweise Entbindungsraum dürfen, wollen jetzt viele Familien auch die Kinder dabei haben. In Elternmagazinen liest man immer wieder darüber, daß auch das Geschwisterchen die Geburt live erleben kann und soll. In einigen Kliniken hat man für dieses – unserer Meinung nach wenig glückliche – Experiment die Türen der Entbindungsräume geöffnet.
Bei Erstgebärenden vergehen im Schnitt zwischen 15 und 20 Stunden zwischen Eintritt der Wehen und der Geburt, und auch bei Frauen, die schon einmal entbunden haben, zieht sich die Entbindung zwischen fünf und zehn Stunden hin. Dies ist eine Zeitspanne, die auch für das bravste Kind zu lang ist. Zumal es im Entbindungsraum weder spielen, noch herumlaufen darf.
Außerdem läuft selbst eine normale Geburt für die Mutter selten völlig schmerzfrei ab. Daß das Kind auf deren Schmerzen mit Angstzuständen reagiert, wäre verständlich. Es kann nicht unterscheiden, ob es sich um die normalen Geburtsschmerzen handelt, die die Mutter zum Stöhnen bringen, oder ob nicht doch etwas Unerwartetes geschehen ist. Blutungen und ausfließendes Fruchtwasser können bei Kindern schnell den Eindruck erwekken, die Mutter sei verletzt. Selbst mancher empfindsame Ehemann hat die Geburt seines Nachwuchses auf Grund einer plötzlichen Ohnmacht versäumt. Wenn schon Erwachsene so reagieren, was muß erst ein Kind empfinden, wenn es bei der Geburt dabei ist? Durchaus denkbar ist, daß das Kind eine besondere Abneigung gegen das Baby entwickelt, weil das der geliebten Mutter so weh getan hat. Dorothea Kammerer zitiert zu diesem Thema in ihrem Buch „Geschwister“ die Entwicklungspsychologin Dr. Karin Großmann. Sie schreibt: *„Für ein kleines Kind wäre es nicht verarbeitbar, daß eine Mutter so starke Schmerzen leidet und diese auch zeigt, aber hinterher das Neugeborene lieb hat. Diese Ambivalenz können kleine Kinder nicht verkraften.“*

Zu dem Gesagten kommt noch erschwerend hinzu, daß sich eine komplikationsfreie Geburt nie hundertprozentig voraussagen läßt. Was aber passiert, wenn plötzlich ein Notfall eintritt und das Kind von der Hebamme aus dem Kreißsaal hinausbugsiert werden muß? Die Angst, die das Kind dann um die Mutter hat, läßt sich leicht nachvollziehen.
Soll Ihr ältestes Kind trotz aller Einwände bei der Geburt dabeisein, bereiten Sie es im Vorfeld umfassend und detailliert darauf vor, was es im Kreißsaal zu erwarten hat. Sprechen Sie mit ihm auch über mögliche Komplikationen. Jüngere Kinder werden aber trotz aller Erklärungen nicht wirklich begreifen, was eine Entbindung ist. Deswegen sollten Kinder, die zusammen mit dem Vater der Geburt beiwohnen, älter als sechs Jahre sein. Selbstverständlich müssen Sie im Vorfeld das Einverständnis des Arztes beziehungsweise der Hebamme einholen.

Wenn das Baby zu Hause zur Welt kommt

Inzwischen entscheiden sich wieder mehr Frauen dafür, ihr Baby zu Hause zur Welt zu bringen. Wer dies tut, sollte sein Kind ganz genau über die Vorgänge während der Entbindung aufklären. Selbst wenn das Kind noch sehr jung ist und nicht ins Entbindungszimmer darf, wird es doch spüren, daß in Mamas Schlafzimmer etwas Besonderes vor sich geht. Es empfiehlt sich, für den Tag der Entbindung (und eventuell die Tage vorher) die Oma, den Opa oder eine andere Vertrauensperson ins Haus zu holen, die das Kind versorgt. Der Vater wird mit seinen Gedanken wahrscheinlich zu sehr bei seiner Frau sein, als daß er sich um das Älteste kümmern könnte. Ist das Kind alt genug, kann es – am besten in Begleitung des Vaters – die Mutter durchaus während der Wehen im Geburtszimmer besuchen. Da Kinder die Schmerzen der Mutter nicht richtig einschätzen können, sollte man da für eine ruhige Phase des Wehenverlaufs aussuchen. Außerdem muß das Kind schon im Vorfeld darüber aufgeklärt werden, daß die Entbindung für die Mama eventuell schmerzhaft sein kann, ohne daß dies für sie in jedem Fall gefährlich ist. Während der gesamten Entbindungsdauer sollte das Kind aus den im vorigen Abschnitt erwähnten Gründen aber nicht dabeisein.

Für das Kind ist es sehr wichtig, daß es die Person kennt, die es während der Geburt betreut

Die Betreuung des Erstgeborenen während des Klinikaufenthalts der Mutter

- Bereiten Sie alles, was zur Betreuung Ihres Kindes notwendig ist, einige Tage vor dem geplanten Entbindungstermin vor.
- Hatte der Vater bisher nur wenig Zeit für das Kind (zum Beispiel aus beruflichen Gründen) – dann sollte er schon einige Tage vor dem Entbindungstermin Urlaub nehmen und sich intensiv um das Kind kümmern. Ein Wochenendpapi wird vom Kind nicht als „vollwertiger Mutterersatz" akzeptiert.
- Sollen Verwandte oder Freunde die Betreuung des Kindes in Ihrem Haus übernehmen, müssen die betreffenden Personen und das Kind schon aneinander gewöhnt sein, am besten einige Tage vor dem Entbindungstermin zusammengelebt haben.
- Ist eine Betreuung außerhalb des eigenen Hauses geplant, sollte die andere Umgebung Ihrem Kind bereits vertraut sein. Das eigene Spielzeug und Bettchen wirken dort oft Wunder. Die Bezugsperson sollte während der Abwesenheit der Mutter nicht wechseln.

Das Geschwisterchen ist da

Auf Besuch im Krankenhaus

Oft bleiben die Mütter nach der Entbindung nur wenige Tage im Krankenhaus. Ob Sie dann Ihr Erstgeborenes zu den Besuchen in der Klinik mitnehmen wollen, hängt vom Alter des Kindes ab und davon, wie sehr ihm die Mutter fehlt. Muß die Mutter aber länger in der Klinik bleiben, sollte das Älteste den Vater bei den Besuchen regelmäßig begleiten. So wird ihm die Trennung von der Mutter erleichtert. Vor dem ersten Besuch im Krankenhaus muß der Papa das Kind darauf vorbereiten, was es zu erwarten hat. Denn dort sieht es ja nicht nur die so sehr vermißte Mama wieder, sondern zum ersten Mal auch den neuen Bruder oder die neue Schwester.

Die meisten Eltern sehen diesem ersten Zusammentreffen ihrer Kinder mit Spannung entgegen. Während die Rolle des Kleinen klar definiert ist – es liegt schlafend oder schreiend in seinem Bettchen –, sind die Reaktionen des Ältesten schon weniger voraussagbar. Manche Kinder reagieren mit Ablehnung auf das Neue, andere finden das winzige Bündel schlicht langweilig, oder sie machen es wie Sebastian in der folgenden Geschichte und strafen ihr kleines Geschwisterchen mit Nichtbeachtung. Große Gefühlsausbrüche dürfen die Eltern vor allem bei Kleinkindern nicht erwarten. Zu verlangen, daß sie eine „Liebe auf den ersten Blick" zu dem Baby entwickeln, hieße die kindliche Psyche weit überfordern.

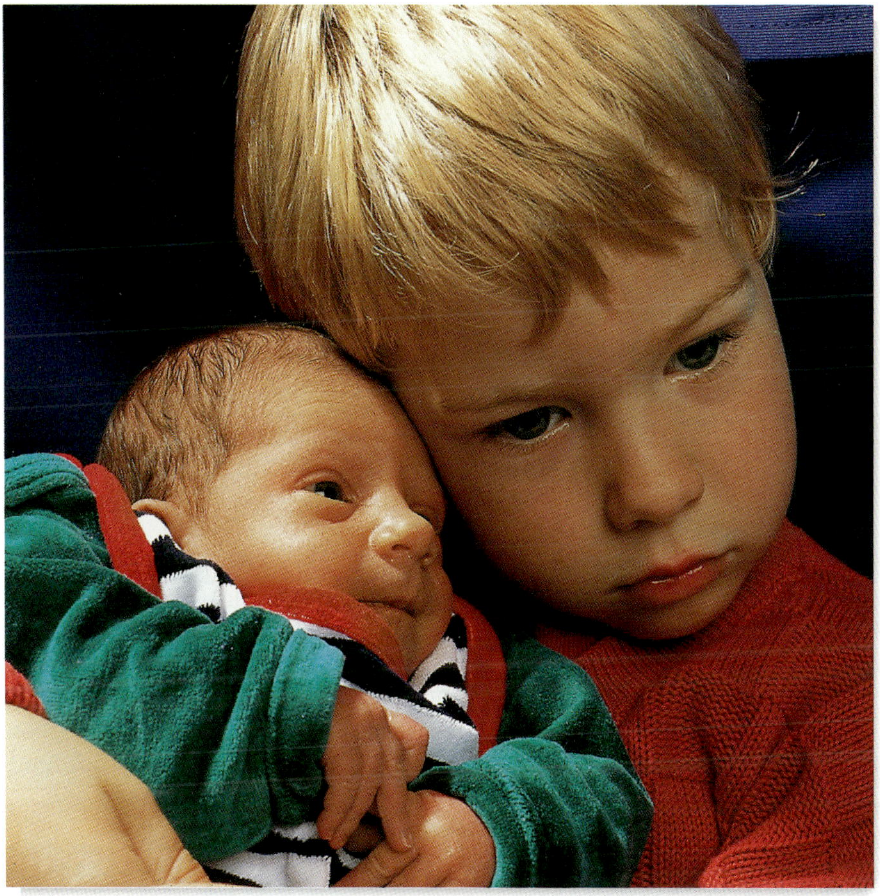

Wenn das große Kind nicht gedrängt wird, hat es das Neugeborene bald liebgewonnen

Drei Tage nach der Entbindung besucht der zweijährige Sebastian zusammen mit dem Vater das erste Mal die Mama im Krankenhaus. Freudig wirft er sich ihr in die Arme, erzählt ihr von seinen Erlebnissen und bittet sie, doch schnell wieder nach Hause zu kommen. Bald aber schon beginnt er, das Krankenzimmer zu inspizieren. Er zieht die Schubladen des Nachtkästchens heraus und löst die Sperren an den Rollen am Bett der Mutter. Auch die bunt verpackte Pralinenschachtel, die die Mutter von Tante Gerda und Onkel Hans bekommen hat, will er aufmachen. Ins Bettchen seiner neuen Schwester hat Sebastian aber auch nach zehn Minuten noch keinen Blick geworfen. Als ihn die Mutter schließlich dazu auffordert, schaut er kurz ins Babybett und sagt: „Die schläft ja bloß, die mag ich nicht."

Die Eltern sind ziemlich enttäuscht von der wenig liebevollen Reaktion ihres Ältesten. Dies um so mehr, als sie mit ihm schon im Vorfeld immer wieder über die bevorstehende Geburt gesprochen hatten.

Erwarten Sie anfangs keine großen Gefühlsausbrüche von Ihrem Erstgeborenen – es muß sich erst an das Geschwisterchen gewöhnen

Bald verlassen Vater und Sohn das Krankenzimmer. Der Vater wirft noch einmal einen letzten verliebten Blick ins Babybettchen, der Sohn umarmt die Mutter und bittet sie noch einmal eindringlich, endlich nach Hause zu kommen.

Der Mutter wird wahrscheinlich das Verhalten ihres Sohnes einige Zeit nicht aus dem Kopf gehen. Anlaß zu wirklicher Sorge besteht aber nicht. Aus der Sicht des Kindes steht nach der Trennung von der Mutter das Wiedersehen mit ihr im Mittelpunkt. Daß dadurch alles andere in den Hintergrund rückt, ist klar. Auch die neue Umgebung – schließlich gibt es in dem Krankenzimmer viel zu entdecken – lenkt die Aufmerksamkeit zunächst einmal vom Geschwisterchen ab. Allerdings sind nicht nur „äußere Faktoren" für Sebastians Zurückhaltung ausschlaggebend. Er spürt selbstverständlich auch, daß das schlafende kleine Schwesterchen eine Konkurrenz um die Aufmerksamkeit der Mutter ist. Daß man auf einen vermeintlichen Nebenbuhler nicht besonders gut zu sprechen ist, davon können auch wir Erwachsenen ein Lied singen.

Lassen Sie Ihrem Erstgeborenen genügend Zeit

Falsch wäre es sicherlich, das ältere Kind dazu zu zwingen, dem Neugeborenen seine Beachtung zu schenken. Befehle nach dem Motto *„Sei endlich lieb zu dem Kleinen"* werden nicht den erhofften Erfolg bringen. Auch mit Drohungen oder Verlockungen kann man die gewünschten Gefühle nicht erzwingen. Im Gegenteil – wird Ihr Kind dazu gezwungen, sich mit dem Neugeborenen abzugeben, reagiert es nur mit Abneigung und Trotz.
Akzeptieren Sie deshalb einfach seine reservierte Haltung. Wenn es kein Interesse am Geschwisterchen hat und sich langweilt, bleiben Sie nicht allzu lange. Der Besuch bei der Mutter und dem Baby darf für Ihr Kind nicht zur lästigen Pflichtübung werden. Auch am nächsten Tag sollte der Papa zusammen mit seinem Ältesten wieder in die Klinik gehen, vorausgesetzt, es will mitkommen. In aller Regel wird es den Vater freiwillig begleiten, denn auch wenn ihm das Geschwisterchen noch nichts bedeutet, so fehlt ihm doch seine Mama sehr. Deswegen sollte auch das Wiedersehen zwischen dem Kind und der Mutter im Vordergrund stehen. Einen Teil der Besuchszeit kann sich der Vater um das Neugeborene kümmern, damit die Mutter und das Erstgeborene ungestört miteinander reden und schmusen können. Ganz abgesehen davon, daß der Mutter-Kind-Kontakt für beider Wohlergehen wichtig ist, verhindern Sie so, daß Ihr Kind das Baby als Konkurrent sieht. Denn würde sich bei den Besuchen im Krankenhaus alles nur um das Neugeborene drehen, kämen bei Ihrem Ältesten schnell Verlustängste und Eifersuchtsgefühle auf.
Ab einem Alter von etwa fünf Jahren zeigt ein Kind im Regelfall großes Interesse an seinem Geschwisterchen. Es will das Baby streicheln, es auf den

Arm nehmen und durch das Zimmer tragen. Klar, daß die Mutter Angst hat, dem Neugeborenen könnte etwas passieren.
Trotzdem wäre es falsch, dem Kind den Kontakt zu verbieten und ihm den Säugling mit den Worten *„Paß doch auf, das Baby ist viel zu schwer für dich"* aus dem Arm zu reißen. Dies sollten Sie auch dann nicht tun, wenn das Baby wirklich viel zu schwer ist. Besser ist es, dem Älteren zu zeigen, wie man es richtig hält, oder ihm – falls nötig – beim Tragen zu helfen. Man kann ihm das Geschwisterchen auch auf den Schoß legen, während es auf dem Bett oder einem Stuhl sitzt. Hält das Kind das Baby richtig und zeigt es genügend Achtsamkeit, sollten Sie es ausführlich für seine tolle Leistung loben. Wenn man das Erstgeborene dagegen aus übertriebener Angst vom Baby fernhält, baut man Barrieren auf, die sich später oftmals nur schwer wieder einreißen lassen.
Sollte Ihr Ältestes dem Baby wirklich versehentlich einen Knuff geben oder es etwas unsaft ins Bettchen legen, ist dies noch lange kein Grund zur Panik. Erklären Sie ihm lieber, daß ein Baby besonders empfindlich ist, und zeigen Sie ihm, was es das nächste Mal besser machen kann. Keinesfalls dürfen Sie Ihr Kind für sein ungeschicktes Verhalten schimpfen. Dann wird es sich in Zukunft – aus Angst wieder gescholten zu werden – nur noch ungern mit dem Baby abgeben.

Der Besuch im Krankenhaus

- Bereiten Sie Ihr Kind darauf vor, was es im Krankenhaus erwartet. Stellen Sie keine zu hohen Erwartungen an das erste Zusammentreffen.
- Zwingen Sie Ihr Ältestes nicht dazu, sich mit dem Baby zu beschäftigen.
- Geben Sie dem Ältesten ausgiebig Möglichkeiten, mit der Mutter zu schmusen.
- Wird es dem Erstgeborenen im Krankenhaus langweilig, brechen Sie den Besuch ab.
- Nehmen Sie das Kind regelmäßig zu den Besuchen im Krankenhaus mit.
- Verhindern Sie den Kontakt zwischen den Geschwistern nicht. Wenn Ihr Ältestes das Baby tragen will, helfen Sie ihm dabei.

Die Zeit nach der Geburt

Mama kommt nach Hause

Über eine Woche hat die kleine Clara auf ihre Mutter warten müssen. Doch heute kommt die Mama heim. Das hat ihr die Oma, die in den letzten Tagen die Betreuung übernommen hatte, versprochen. Endlich dreht sich der Schlüssel im Türschloß. Clara flitzt aus dem Kinderzimmer zur Haustür. Und da steht sie vor ihr – die Mama! Lächelnd fährt sie Clara über den Kopf und schiebt sie dann zart zur Seite. Im Arm hält sie das kleine Schwesterchen Lea, und mit ihr macht sie sich sofort auf zum Kinderbettchen im Elternschlafzimmer. Das Baby muß nämlich erst einmal in den Schlaf gewiegt werden. Als die Mama nach zehn Minuten im Wohnzimmer auftaucht, wartet dort nur noch die Oma. Clara hat sich heulend in ihr Zimmer verkrochen.

Endlich kommt die Mama wieder heim! Nach den Tagen der Trennung ist das Erstgeborene voller Vorfreude und läuft der Mutter mit ausgebreiteten Armen entgegen. Doch anders als sonst wird es nicht hochgehoben, denn dort oben sitzt schon die „Konkurrenz“. Die Enttäuschung ist groß, und die Abneigung gegen das Neugeborene wächst heran. Etwas weniger frustrierend fällt das Wiedersehen meist dann aus, wenn das Älteste schon mehrmals mit in der Klinik war, um die Mutter und das Geschwisterchen zu besuchen. Dann hat es sich mit dem Familienzuwachs schon ein wenig abgefunden.

Der Begrüßungsfrust muß nicht sein. Wenn Sie aus dem Krankenhaus nach Hause kommen, sollten Sie die erste Stunde des Wiedersehens ganz Ihrem Ältesten widmen. Drücken Sie das Neugeborene dem Papa in den Arm. Umarmen Sie Ihr Ältestes, und zeigen Sie ihm wie sehr Sie sich auf es gefreut haben. Sicherlich hat es Ihnen nach der Zeit der Trennung einiges zu erzählen. Lassen Sie sich auch nicht vom Geschrei des Nesthäkchens weglocken – wenn jetzt Windeln gewechselt werden müssen, ist das die Aufgabe des Papas.

Heimkehr aus dem Krankenhaus: Die ersten Stunden gehören Ihrem Ältesten!

Mama hat mich nicht mehr lieb

In der ersten Zeit nach der Geburt werden die Eltern – wie sie es auch beim ersten Kind gemacht haben – oft vor dem Bettchen des Kleinsten stehen und mit verliebten Augen zu ihm hinunterschauen. Beim kleinsten Laut werden sie quer durch die Wohnung flitzen, besorgt in die Wiege blicken und nachsehen, ob ihr Liebling irgend etwas braucht. Bei aller Begeisterung für das Nesthäkchen dürfen die Eltern aber nicht vergessen, daß da noch jemand ist, der sich nach ihrer Liebe sehnt. Sie sollten sich immer bewußt sein, daß die neue Situation für das ältere Kind nicht leicht ist. Es steht nicht mehr im Mittelpunkt, und es spürt, daß das neue Geschwisterchen von den Eltern sehr geliebt wird. Eifersucht ist

Das kleine Mädchen wartet gespannt und verunsichert auf die Mama

die natürliche Folge. Dies kann sich dadurch äußern, daß sich das Kind in sich zurückzieht oder aber im Gegenteil mit besonderer Aggressivität die Aufmerksamkeit der Eltern auf sich zu lenken versucht (siehe dazu S. 41). Schon viele ältere Geschwister haben sich in dieser verzweifelten Lage das Kleine „weit weg" gewünscht. Die Eltern werden dann aufgefordert, das Baby zu verschenken oder zu verkaufen. Vielleicht aber droht das Älteste gar damit, es *„in die Mülltonne zu schmeißen"* oder *„es aus dem Fenster zu werfen"*. Doch keine Angst, aus Ihrem Kind ist nicht plötzlich ein Monster in Menschengestalt geworden. Es sehnt sich lediglich nach Ihrer Liebe. Deswegen nutzt es auch nichts, wenn Sie es für seine „bösen" Gedanken schimpfen und im erklären, wie schlimm es sei, sein Geschwisterchen abzulehnen. Vielmehr sollten Sie ihm das geben, was ihm fehlt: mehr Zeit mit Ihnen.

„Bin ich noch gut genug?"

Früher wurde das Erstgeborene häufig gelobt. Alles, was es machte, war prima und wurde von elterlichem Applaus begleitet. Den Großteil des Beifalls heimst nun aber meist das Baby ein. Das kann beim Ältesten nicht nur zu Eifersuchtsgefühlen führen, sondern auch zu massiven Versagensängsten. Da ihm die Unterstützung der Eltern abgeht, hat es Angst, deren Anforderungen nicht mehr zu genügen, und reagiert darauf, indem es sich jeder Konkurrenzsituation entzieht. Mit den Worten *„Das kann ich doch sowieso nicht"* geht es der Herausforderung aus dem Weg.
Das beste Gegenmittel sind die Zauberwörter *„Du bist toll!"*

Zurück in die Babyrolle

Wenn das ältere Kind bemerkt, daß das Baby die ganze Zeit der Mutter beansprucht und von ihr besonders liebevoll umsorgt wird, kann es passieren, daß es Verhaltensweisen des Babys nachahmt, um ebenso beachtet zu werden. Die bereits erreichte Selbständigkeit kann dann schlagartig verlorengehen. Ein ernstes Warnzeichen für die Eltern sollte sein, wenn das ältere Kind in der Zeit nach der Geburt des Geschwisterchens erneut mit dem Bettnässen beginnt. Aber auch die Weigerung, selbständig zu essen, oder häufiges Trotzverhalten sollten als ein „Notruf" des Kindes verstanden werden.

Bettnässen – oft der Ruf nach mehr Aufmerksamkeit

Die dreijährige Peggy war von Beginn an der Stolz ihrer Eltern. Sie lernte alles schnell, sprach schon nach 17 Monaten die ersten Sätze und bereitete ihren Eltern auch sonst kaum Probleme. Die Windeln konnten schon erstaunlich bald im Schrank bleiben. Weil sie mit ihrer Tochter so viel Freude hatten, entschlossen sich die Eltern, ein zweites Kind zu bekommen. Während der Schwangerschaft zeigte Peggy reges Interesse an Mamas dickem Bauch und saugte wißbegierig alles auf, was die Eltern ihr über das zukünftige Geschwisterchen erzählten. Fast auf den Tag genau drei Jahre nach Peggys Geburt kam ihr Brüderchen auf die Welt. Anders als seine Schwester war Robert aber kein „braves" Kind. Nächtelang hielt er die Eltern wach und forderte auch tagsüber deren ganze Aufmerksamkeit. Immer seltener fanden sie Zeit für Peggy, und immer öfter mußte sie sich mit Worten wie „später", „jetzt nicht" oder „wir haben keine Zeit" vertrösten lassen. In Ihrem Streß bemerkten die Eltern zunächst gar nicht, daß sich Peggys Verhalten veränderte. Daß sie immer öfter weinte, häufiger widersprach und ab und zu voller Zorn ihre Spielsachen gegen die Wand feuerte, ging in Roberts Geschrei fast unter. Auch als die Mutter eines Morgens feststellte, daß ihre Tochter über Nacht eingenäßt hatte, glaubten sie noch an einen einmaligen Ausrutscher. Erst nachdem Peggy in den folgenden Wochen immer wieder in feuchten Laken aufwachte, erkannten sie, daß etwas falsch lief. Da sich das Problem nicht besserte, suchten die Eltern zusammen mit ihrer Tochter einen Therapeuten auf. Der stellte schon bald fest, daß Peggy durch ihr Bettnässen von ihren Eltern die gleiche Aufmerksamkeit wie das Baby bekommen wollte.

Nicht immer ist die Hilfe eines Fachmanns nötig. Oft genügt es schon, das „erwachsene" Verhalten des älteren Kindes verstärkt zu loben. Wenn Sie – beispielsweise während Sie das Baby wickeln – zu Ihrem Ältesten sagen: *„Ich finde es so toll, daß du nicht mehr in die Hose machst"* oder *„Super, daß ich dich nicht mehr wickeln muß"*, wird es die Babyrolle nicht mehr als erstrebenswert empfinden. Denn schließlich wird es ja für etwas gelobt, was das Baby noch nicht kann.

Bettnässen als ernstes Problem

Eine fachmännische Behandlung wird erforderlich, wenn das Bettnässen trotz Lob für „erwachsenes" Verhalten nicht aufhört. Das gleiche gilt, wenn das Einnässen dem Kind unangenehm ist, und es versucht, sein Malheur zu verheimlichen, oder wenn das Kind laufend beteuert, es würde sich bessern und kein „Pipi" mehr ins Bett machen.

Die beiden letztgenannten Punkte sind ein deutliches Zeichen dafür, daß das Kind nicht bewußt einnäßt, um die Eltern zu „ärgern" beziehungsweise ihre Aufmerksamkeit zu erzwingen. Es ist vielmehr eine unterbewußte Reaktion, die allein durch gutes Zureden oder Lob kaum korrigiert werden kann.

Andere Rückschritte

Ähnlich wie bei Peggy lag der Fall beim zweieinhalbjährigen Sven. Er reagierte auf die vermeintliche Bedrohung durch das Neugeborene zwar nicht durch Einnässen, er forderte vielmehr von seiner Mutter die gleiche Behandlung, wie sie dem Baby zuteil wurde. Plötzlich wollte er ebenso wie die kleine Sarah die Flasche haben und gewickelt werden. Svens Mutter reagierte auf diese Forderung instinktiv richtig. Anstatt sich auf lange Diskussionen einzulassen, legte sie ihren Sven einfach auf den Wickeltisch und verpaßte ihm ebenso ein Windelhöschen wie der neun Monate alten Sarah. Beim Spielen stellte Sven schon bald fest, daß Windeln alles andere als bequem sind, und nach kurzer Zeit lief er wieder „windelfrei" durch die Gegend. Die Sache mit der Flasche behielt Sven noch ein paar Tage länger bei. Doch als er von seinem Freund mit dem Nuckel im Mund „erwischt" und ausgelacht wurde, war auch damit Schluß.

Zeigen Sie Ihrem ältesten Kind sooft es geht, daß Sie es liebhaben

In Wirklichkeit ging es Sven auch gar nicht um Windeln oder Flasche. Wichtig war ihm die Beachtung seiner Mutter, die ihn genauso verwöhnen sollte wie die kleine Sarah. Hätte sich die Mutter auf lange Diskussionen eingelassen und ihm zu erklären versucht, daß Windeln und Fläschchen nichts mehr für ihn sind, wäre Sven in seiner Vermutung *„Die Mama mag die Sarah mehr als mich"* bestätigt worden. Womöglich hätte er dann versucht, durch Trotz die Aufmerksamkeit auf sich zu lenken, oder er hätte sich beleidigt verkrochen.

UNSER TIP

Fordert Ihr ältestes Kind – in welcher Art auch immer – Gleichbehandlung mit dem Baby, gehen Sie diskussionslos auf den Wunsch ein.

Selbst „vernünftige" Kinder, wie Peggy und Sven aus den vorigen Beispielen, haben mitunter ihre Probleme mit dem neuen Geschwisterchen. Denn, Tatsache ist: Babys brauchen sehr viel Liebe und Aufmerksamkeit. Sie müssen gefüttert, gewickelt und in den Schlaf gewiegt werden. Sie jagen die Familie nachts mit ihrem Geschrei aus dem Bett und wollen, wenn allen anderen bereits die Augenlider nach unten klappen, einfach nicht einschlafen. Babys sind eine zeitintensive Angelegenheit – und diese Zeit muß irgendwoher genommen werden. Die Mama muß auf den Italienischkurs in der Volkshochschule verzichten, und der Papa die Kündigung beim Sportverein einreichen. Aber auch das Erstgeborene hat erhebliche Einschränkungen hinzunehmen. Denn die Eltern haben nun viel weniger Zeit und sind aufgrund der zahlreichen schlaflosen Nächte häufiger gestreßt. Während die Eltern die Opfer für das Zweitgeborene gerne bringen, sieht das Erstgeborene zunächst nur die Dinge, auf die es verzichten muß. Ihm ist völlig unverständlich, daß das Nesthäkchen plötzlich all die Aufmerksamkeit bekommt, die bis dahin ungeteilt ihm gebührte.

Wann zieht das Baby wieder aus?

Der vierjährige Benjamin hatte sich von Anfang an nicht sonderlich für sein Bruderchen interessiert. Alle Versuche der Eltern, ihm das Baby näher zu bringen, ignorierte er standhaft. Trotzdem glaubten sie, daß sich Benjamin ganz gut mit dem neuen Geschwisterchen arrangiert habe. Denn Eifersuchtsszenen oder gar aggressives Verhalten gab es bei ihm nicht. Deswegen war die Mutter auch ziemlich verblüfft, als Benjamin eines Tages zu ihr kam und sie in ganz ruhigem und ernstem Ton fragte: „Du, Mama, wann zieht das Baby eigentlich wieder aus?“

Die Psychologin Dr. Anette Engfer empfiehlt den Eltern in einem solchen Fall, die Vorstellung des Kindes nicht zu korrigieren. Sie glaubt: *„Das Kind wird auf Dauer schon selbst merken, daß das Baby in der Familie bleibt.“* Einige ihrer Kollegen vertreten die gegenteilige Ansicht. Uns scheint jedoch gar nicht so entscheidend zu sein, was die Eltern auf eine solche Frage ihres Ältesten antworten. Viel wichtiger ist, wie sie es tun. Wenn die Eltern aus unserem Beispiel ihren Benjamin in den Arm nehmen und ihm erklären, daß das Baby genauso zur Familie gehört wie er selbst, wird ihn das vielleicht zunächst schockieren. Wenn sie ihrem „Großen“ aber gleichzeitig zeigen, wie sehr sie ihn liebhaben, wird er sich allmählich mit der neuen Situation abfinden können.

Eltern müssen Ihrem Erstgeborenen begreiflich machen, daß das Baby keine Konkurrenz ist

Wichtig ist nicht, daß das Brüderchen verschwindet, sondern vielmehr, daß Benjamin aufhört, es als Konkurrenz zu begreifen. Können ihm die Eltern das klarmachen, wird er sich irgendwann auch mit ihm beschäftigen wollen und eine Geschwisterbeziehung zu ihm aufnehmen.

Wenn Eifersucht in Gewalt umschlägt

Manchmal fühlt sich das Erstgeborene in seiner Rolle in der Familie durch das Neugeborene so sehr bedroht, daß es den vermeintlichen Rivalen mit Gewalt aus dem Feld schlagen will. In seltenen Fällen kann eine solche Auseinandersetzung sogar tödlich enden – ein gefundenes Fressen für die Boulevardpresse, die ihre Leser dann ausführlich über das „Familiendrama“ informiert.

Typischer ist der Fall des vierjährigen Oliver. Zusammen mit seiner Mutter sitzt er auf dem Boden und spielt mit seinem elf Monate alten Schwesterchen. Ein scheinbar perfektes Familienidyll. Nach einiger Zeit geht die Mutter in die Küche, um dort das Fläschchen für die Kleine vorzubereiten. Als sie plötzlich Schreie aus dem Nebenzimmer hört, rennt sie sofort zurück und ertappt Oliver dabei, wie er dem Baby mit dem Fuß in die Seite tritt.
Der beschriebene Vorfall blieb kein Einzelfall. Ein anderes Mal versuchte Oliver, den Kinderwagen mit dem darin liegenden Baby umzustoßen. Die Mutter wurde daraufhin vorsichtig und ließ ihren Ältesten nicht mehr mit dem Baby allein. Doch diese Schutzmaßnahme reicht natürlich nicht aus. Jetzt kann Oliver zwar seinen Zorn auf das Schwesterchen nicht mehr ausleben, er trägt ihn aber nach wie vor in sich.

Oliver ist keinesfalls ein besonders „böses" Kind. Im Gegenteil. Vor der Geburt des Schwesterchens war er ein richtiger „kleiner Gentleman", der seiner Mutter kaum Sorgen machte. Um so mehr trifft es ihn nun, daß er plötzlich die Liebe der Mama teilen muß – Schuld daran ist seiner Meinung nach das Baby. Deswegen soll es jetzt verschwinden. Denken Sie daran: Kinder können ihre Gefühle nicht steuern. Olivers „Anschläge" auf seine Schwester sind also nicht in böser Absicht geplant, sondern Affekthandlungen, durch die er seine Frustration abreagiert. Auch die Folgen, die seine Taten nach sich ziehen könnten, sind Oliver keinesfalls bewußt.

Gewaltausbrüche bei Kleinkindern sind nicht böswillig geplant, sondern geschehen im Affekt

Machen Sie es in einem ähnlich gelagerten Fall deshalb wie Olivers Mutter. Sie sagte ihrem Sohn mit deutlichen Worten, daß sie sein Verhalten nicht akzeptiert. Außerdem erklärte sie ihm, was alles passieren kann, wenn man ein Baby tritt oder den Kinderwagen umstößt. Gleichzeitig setzte sie ihm deutliche Grenzen und machte ihm klar, daß er im Wiederholungsfall mit einer Bestrafung rechnen muß.
Wichtig dabei ist, daß Sie Ihr Kind nicht anschreien dürfen. Schläge sind ohnehin tabu. Beides wäre für es lediglich die Bestätigung für das, was es schon lange vermutet. Nämlich: *„Die Eltern haben das Baby viel lieber als mich."* Dieses Gefühl verstärken manche Eltern noch dadurch, daß Sie Ihrem Kind mit Liebesentzug drohen. *„Wenn du das noch einmal machst, dann haben wir dich nicht mehr lieb"*, heißt es dann oft. Selbstverständlich lieben die Eltern ihr Ältestes nach wie vor. Doch durch ihr zurückweisendes Verhalten hoffen sie, es disziplinieren zu können. Das Kind durchschaut das taktische Manöver der Eltern aber nicht und fürchtet, tatsächlich nicht mehr geliebt zu werden. Es wird deswegen versuchen, die Aufmerksamkeit der Eltern erneut auf sich zu lenken. Dies kann auch durch vermehrte Aggression geschehen, und damit tritt dann genau das ein, was die Eltern eigentlich verhindern wollten.
Liebe ist die Basis jeder Eltern-Kind-Beziehung und das Elixier für die kindliche Entwicklung. Liebesentzug ist deshalb die härteste Strafe. Egal, was Ihr Kind angestellt hat, zeigen Sie ihm, wie sehr Sie es lieben.

Andere Formen der Aggression

Nicht immer richtet sich die Aggression des Ältesten gegen das neue Geschwisterchen selbst. Oft reagiert es ganz allgemein mit Ungehorsam und Trotz, um die Aufmerksamkeit der Erwachsenen auf sich zu lenken.

Eine Mutter berichtet beispielsweise, daß ihre dreijährige Tochter fast täglich die Babywäsche aus dem Schrank warf. Eine andere erzählt von ihrem zweijährigen Sohn, der die Babycreme auf der Tapete des Kinderzimmers verteilte, und ein Vater schildert, wie sein fünfjähriger Sohn seine eigenen Babyfotos aus dem Familienfotoalbum herausnahm und zerschnitt. So verschieden die Aktionen sind, sie haben doch alle eines gemeinsam: Das Kind will die Aufmerksamkeit seiner Eltern erregen und die verloren geglaubte Zuneigung zurückgewinnen.

Viele Eltern sind in der Zeit nach der Geburt des Babys so gestreßt, daß sie positives Verhalten ihres Ältesten kaum zur Kenntnis nehmen und nur selten loben. Beachtet wird das ältere Kind meist nur dann, wenn es etwas anstellt. Zwar sind Ungezogenheiten der oben beschriebenen Art, anders als die gegen das Baby gerichteten Aggressionen, nicht gefährlich, doch die wenigsten Eltern werden Lust haben, täglich den Babyschrank neu einzuräumen oder die Penatencreme von der Tapete zu kratzen. Deswegen muß man auch hier deutliche Grenzen setzen und dem Kind klarmachen, daß man sein Verhalten nicht toleriert. Gleichzeitig sollte man das ungezogene Verhalten aber auch als Hilferuf des Kindes deuten und ihm in Zukunft mehr Aufmerksamkeit zukommen lassen.

Nehmen Sie sich immer wieder bewußt Zeit für Ihr großes Kind

So helfen Sie Ihrem Erstgeborenen

Die erste Zeit mit dem Baby ist für die meisten Erstgeborenen sehr schwer. Sie brauchen die Unterstützung ihrer Eltern ebenso wie das Geschwisterchen. Deswegen möchten wir Ihnen im folgenden ein paar Tips für den richtigen Umgang mit dem älteren Kind geben.
Zunächst einmal sollten Sie sich klarmachen, daß Ihr Erstgeborenes aus einem einzigen Grund mit Eifersucht und Trotz reagiert: Es liebt seine Eltern und will auch von ihnen geliebt werden!

Aktiv in die Pflege des Babys mit einbeziehen

Erklären Sie Ihrem Kind, warum das Baby soviel Aufmerksamkeit benötigt. Zeigen Sie ihm Fotos aus der Zeit, als es selbst noch ein Baby war, und erzählen Sie davon, wie es auf Ihre Pflege angewiesen war. Mit solchen vernünftigen Argumenten werden Sie bei älteren Kindern Erfolg haben. Ist Ihr Kind noch jünger, wird es Ihnen zwar zuhören – erwarten Sie jedoch nicht, daß es deswegen den eifersüchtigen Kampf um Ihre Liebe einstellt. Und auch beim älteren Kind wird Ihre Überzeugungsarbeit wahrscheinlich zunächst nur kurzfristig Erfolge zeigen. Aber vergessen Sie nicht: Steter Tropfen höhlt den Stein. Ein Sprichwort, das mit Sicherheit auch bei der Kindererziehung seine Richtigkeit hat.

Ältere Kinder lassen sich oft durch vernünftige Argumente überzeugen, bei jüngeren funktioniert das nicht so gut

Wickeln und Baden

Schließen Sie Ihr Ältestes nicht aus, wenn Sie sich um Ihr Baby kümmern. Also sagen Sie nicht: *„Marsch raus aus dem Badezimmer, ich wickle gerade das Baby“*, sondern vielmehr: *„Ich wickle jetzt das Baby. Willst du mir helfen?“* Auch wenn die Pflegemaßnahmen mit dieser Hilfe wesentlich länger dauern als ohne, das ältere Kind sollte immer mitmachen dürfen.
Allerdings darf die „Hilfe“ nicht eingefordert werden. Zwingt man das Erstgeborene zur Babypflege, kann sich eine Abneigung gegen das Geschwisterchen entwickeln. Loben Sie es, wenn es Ihnen bei der Babypflege zur Hand geht oder wenn es sich einsichtig zeigt und freiwillig einmal zugunsten des Babys zurücksteckt.
Kinder lieben es, im Spiel Erwachsenenrollen zu übernehmen. Deswegen wird es Ihr Ältestes auch ganz toll finden, wenn es, während Sie das Baby wickeln, parallel dazu seiner Puppe eine Windel anlegen kann. Während das Geschwisterchen in der Badewanne planscht, wird die Puppe Erna gewaschen, und während es die Flasche bekommt, wird der Hunger des Teddybären Brummbrumm gestillt. Wenn Ihr Kind in der Zeit, in der Sie mit dem Baby beschäftigt sind, seine Puppenkinder versorgt, wird die Babypflege zu einem Spiel. Es fühlt sich nicht länger ausgeschlossen, das Geschwisterchen wird zu einer Art Spielkameraden.

Ihr Kind kann, wenn es Lust hat, gelegentlich einige Aufgaben der Babypflege übernehmen

Das Kind um Rat fragen

Ebenso wie Sie das Kind in die Babypflege mit einbeziehen sollten, ist es empfehlenswert, es auch immer wieder um „fachmännischen" Rat – das Baby betreffend – zu bitten. Wenn Sie es zum Beispiel fragen: *„Soll ich dem Baby jetzt die Flasche geben?"* oder *„Was glaubst du, muß man dem Baby schon wieder die Windel wechseln?"*, weiß sich ihr Kind ernst genommen. So fühlt es sich nicht nur als „Berater" der Eltern, sondern muß sich auch mit dem Geschwisterchen auseinandersetzen, was letztendlich bedeutet, daß es schnell die Distanz zu ihm verlieren wird. Doch wie in Sachen Babypflege gilt auch hier: Wenn Ihr Ältestes keine Lust auf den Job als „Babyberater" hat, zwingen Sie es nicht dazu.

Widmen Sie dem älteren Kind genügend Zeit

Versuchen Sie, einen festen Tagesplan zu entwickeln, in dem genügend Platz für Aktivitäten mit dem älteren Kind bleibt. Wichtig sind dabei Zeiten, die es mit der Mama oder dem Papa allein verbringen kann und in denen es, wie früher, im Mittelpunkt der Aufmerksamkeit steht. Wenn das Älteste zu kurz kommt, weil Sie sich gerade besonders intensiv um das Baby kümmern müssen, planen Sie mit ihm einen Tag, an dem es die Mama oder den Papa mal wieder ganz für sich allein hat.

Versprechen Sie aber nur, was Sie auch tatsächlich halten können und wollen!

Das Neugeborene nicht in den Mittelpunkt stellen

Verwandte und Bekannte, die zu Besuch kommen, sind meist kaum noch vom Babybettchen wegzubekommen und vom Neugeborenen so angetan, daß sie das ältere Kind ganz vergessen. *„Oh, wie süß“*, *„Ganz der Papa“*, *„Guck nur, genauso lieb wie die Mama“* – nur selten wird ein Mensch in seinem Leben mit soviel Lob und Begeisterung überschüttet wie direkt nach der Geburt. Dagegen ist eigentlich nichts zu sagen. Aber Ihr ältestes Kind wird sich bei solchen Besuchen zurückgesetzt vorkommen und verstärkt die Konkurrenz des Kleinen spüren. Um dies zu verhindern, sollten Sie es nicht abseits stehen lassen. So kann es beispielsweise sein neues Geschwisterchen den Freunden oder Verwandten vorstellen und ihnen den Weg zum Kinderbettchen weisen. Sind Tante Erna und Onkel Max gar zu wortreich mit Lob für das Neugeborene, dürfen Sie auch ruhig mal den Begeisterungsschwall unterbrechen und sagen: *„Ja, das Baby freut uns sehr, aber wir haben auch noch ein anderes tolles Kind.“* Wenn Sie dabei Ihr Ältestes in den Arm nehmen oder ihm übers Haar streichen, merkt es, daß der Papa und die Mama es immer noch lieb haben und keine Gefahr durch das Neugeborene droht.

Die engagierte Mithilfe der Väter zu Hause kann die Mütter entlasten

Die Neugierde ausnutzen

Kinder sind neugierig und deswegen werden sie sich über kurz oder lang für das neue Geschwisterchen interessieren. Auch wenn das erste Kennenlernen im Krankenhaus oder zu Hause distanziert verlaufen sein sollte, wird irgendwann die Neugierde siegen. Das Kind will wissen, wer der Schreihals ist, den die Mama da mit nach Hause gebracht hat. Wenn die Eltern mit dieser kindlichen Neugier richtig umgehen, kann sie ein wichtiger Meilenstein zum Aufbau einer liebevollen Beziehung zwischen den Geschwistern sein. Deswegen sollten Sie unbedingt alle Fragen des älteren Kindes, die das Baby betreffen, ausführlich beantworten. Ganz egal, ob es wissen will, warum das Baby ständig schreit, wieso es dauernd in die Windeln macht oder wo es herkommt, keine Frage sollte Ihnen zu dumm und keine Antwort zu peinlich sein.

Wenn Sie der Neugierde Ihres Ältesten nachkommen, erreichen Sie zwei

Dinge auf einmal: Das Neugeborene wird als neues Familienmitglied, nicht als Konkurrent wahrgenommen, und Ihr ältestes Kind lernt zu verstehen, warum das Baby soviel Arbeit macht und sich die Eltern ihm ausgiebig widmen müssen. Außerdem wird der Stellenwert des Kindes betont, wenn sich Mami und Papi Zeit für ein ausführliches Gespräch mit ihm nehmen. Aus Sicht des älteren Kindes ist das Baby dann nicht länger ein Widersacher, der ihm die Zeit mit den Eltern stiehlt, sondern Grund dafür, daß sich die Eltern ausführlich mit ihm befassen.

Gleiches Recht für alle

Scheinbar selbstverständlich – aber leider noch nicht in allen Familien umgesetzt – ist der Ratschlag, daß sich die Eltern die Erziehungsarbeit teilen sollten. Denn, nur wenn Vater und Mutter gleichermaßen ausgeruht sind, haben sie die Energie sich neben der Babypflege auch weiterhin ausführlich dem älteren Kind zu widmen. Allerdings trägt nicht immer ein zu bequemer oder beruflich überlasteter Vater die Schuld daran, wenn die Kinderbetreuung in der Familie nicht gerecht verteilt ist. Manche Mütter haben Schwierigkeiten, ihr Kind loszulassen und es der Obhut anderer zu übergeben. Deswegen machen sie bereitwillig alle Arbeit rund um das Kind, obwohl sie eigentlich eine Pause bitter nötig hätten. Außerdem haben sie das unbestimmte und meist unbegründete Gefühl, daß ihr Mann einfach nicht so gut mit den Kindern umgehen kann. Was er aber in der Regel doch beherrscht! Deswegen: Teilen Sie alles mit Ihrem Partner – auch die Arbeit mit den Kindern.

Väter sollten heute ganz selbstverständlich in die Kindererziehung einbezogen werden

Das Leben miteinander

Die Kinder allmählich aneinander gewöhnen

Nach einigen Wochen wird sich Ihr Ältestes aller Voraussicht nach mit dem Familienzuwachs abgefunden haben. Inzwischen hat es akzeptiert, daß das Geschwisterchen keine vorübergehende Erscheinung ist, sondern ein fester Bestandteil der Familie (siehe dazu S. 41). Auch mit dem veränderten Tagesablauf hat es sich angefreundet oder erträgt ihn zumindest. All dies muß aber noch lange nicht heißen, daß das Baby auch liebevoll angenommen wird. Oft bleibt dem „Neuen" noch für einige Zeit die Rolle des ungeliebten und störenden Rivalen.
Eifersuchtsanfälle werden die ersten Monate nach der Geburt des Geschwisterchens immer wieder vorkommen. Allmählich nehmen aber die Phasen, in denen sich das Erstgeborene liebevoll und mit Interesse seiner kleinen Schwester oder seinem kleinen Bruder widmet, zu. Doch Achtung: Die Gefühle von Kindern sind weniger stabil, dafür aber auch viel ehrlicher als die von uns Erwachsenen – sie können ihre Gefühle weder kontrollieren noch verstellen. Das bedeutet, daß auf Zeiten, in denen die Älteren das Geschwisterchen abgöttisch lieben, immer wieder solche folgen, in denen es „zum Teufel" gewünscht wird. Und dies wird dann auch deutlich gezeigt.

Geschwisterliebe – gibt es die?

Kain und Abel sind das meistzitierte, aber sicher nicht einzige Beispiel für eine gescheiterte Geschwisterbeziehung. Schauergeschichten aus allen möglichen Königshäusern belegen, daß in früheren Zeiten Geschwistermord kein ungewöhnlicher Weg auf den Thron war. Doch Streitigkeiten unter Geschwistern sind leider weder auf Königshäuser noch auf frühere Jahrhunderte beschränkt. Heute wird der Kampf zwar nicht mehr mit dem Säbel oder dem Giftbecher ausgetragen, statt dessen öfter vor Gericht. Die zahllosen geschwisterlichen Erbstreitigkeiten, die dort ausgefochten werden, lassen vermuten, daß es mit der Geschwisterliebe nicht weit her ist.
Aber der Streit zwischen den Kindern beginnt nicht erst, wenn das Geld der Eltern zu verteilen ist, sondern schon viel früher.
Während uns die Natur die Elternliebe ins Programm geschrieben hat, ist für Geschwister nichts Vergleichbares vorgesehen. Ähnlich wie im Tierreich sind Geschwister erst einmal Konkurrenten. Egal ob Küken im Nest oder Löwenbabys in freier Wildbahn – die stärkeren setzen sich ohne Rücksicht durch und sichern sich den größten Anteil am Futter. Bei Menschenkindern gibt es zwar in aller Regel keinen Streit um die Nahrung – sie wetteifern jedoch um die Aufmerksamkeit und Zuneigung der Eltern.

Streitigkeiten unter Geschwistern sind keine Erfindung der Neuzeit – es gab sie schon immer!

Geschwisterliebe ist nicht angeboren. Sie muß von den Eltern gefördert werden

Da die Geschwisterliebe also offenbar nicht von allein entsteht, liegt es an Ihnen, sie ganz bewußt zu schaffen und zu fördern.

„Du bist doch schon viel vernünftiger ..."

Dieser Satz ist der Schrecken aller großen Geschwister dieser Welt. Sie müssen ihn sich immer dann anhören, wenn sie im Streit mit dem Kleinen wieder einmal nachgeben sollen. Bei Zwistigkeiten ergreifen die Eltern meist Partei für das scheinbar schwächere Nesthäkchen. Durch die ständige Benachteiligung des älteren Kindes wird die Beziehung der Geschwister untereinander nicht unbedingt verbessert.
Es verwundert auch nicht, wenn manche enttäuschten Erstgeborenen darauf den Schluß ziehen: *„Die Mama hat mich nicht mehr lieb"* oder *„Papa mag mein Geschwisterchen viel lieber als mich."*
Klar lieben die Eltern beide Kinder, doch aus Sicht des Älteren wirkt dies eben nicht immer so. Außerdem sind sehr oft nicht die Älteren an dem Streit schuld.
Nicht selten haben es die Kleinen faustdick hinter den Ohren und bräuchten eigentlich keinen Schutz durch die Eltern.
Wenn Sie sich in den Streit zwischen Ihren Kindern einmischen – oft ist dies gar nicht nötig, denn Kinder können ihre Konflikte auch selbständig lösen – achten Sie darauf, daß Sie der „gerechten Sache" zum Sieg verhelfen und nicht von vornherein das größere Kind zum Nachgeben zwingen.

Erkennen Sie die Bedürfnisse Ihrer Kinder und helfen Sie, falls nötig, diese durchzusetzen. Dabei kann es durchaus mal angebracht sein, das ältere Kind gegen das jüngere in Schutz zu nehmen. Gerade bei den größeren Geschwistern neigt man dazu, zu sagen: *„Jetzt gib es halt her ..."* oder *„Du verstehst das doch, aber die Sandra ist noch zu klein."*
Wenn die Eltern ehrlich sind, wollen sie mit solchen Sprüchen aber meist nicht das Sozialverhalten Ihrer Kinder stärken, sondern das Geschrei des quengligen Nesthäkchens beenden. Das merkt jedoch sehr schnell, daß es mit Quengeln fast immer zum Ziel kommt – und nutzt diese Erkenntnis weidlich aus. Wenn man hier nicht achtsam ist, bleibt das Erstgeborene leicht auf der Strecke.
Trotzdem dürfen Sie an das ältere Kind größere Anforderungen stellen als an das kleine. Denn natürlich kann und soll man von einem Dreijährigen schon ein anderes Verhalten erwarten als von einem zehn Monate alten Baby.
Ein Sechsjähriges wiederum darf schon manches nicht mehr, worüber man bei einem dreijährigen Geschwisterchen hinwegsieht.

Mehr Pflichten

Es ist wichtig, jedem Kind seine Stellung innerhalb der Familie klarzumachen. Die Älteren müssen wissen, daß für sie andere Regeln als für die Jüngeren gelten, daß Freiheiten und Pflichten von Alter und Entwicklung abhängig sind. Behandeln Sie Ihr Kind immer seinem Alter und seinem Entwicklungsstand entsprechend. Überfordern beziehungsweise unterfordern Sie es nicht.

Mehr Rechte

Mit zunehmendem Alter wachsen aber nicht nur die Pflichten, sondern auch die Rechte des Kindes. Während das kleine Geschwisterchen beispielsweise noch daheim bei der Oma bleiben muß, wenn die Mama ins Schwimmbad geht, darf sie das große schon begleiten. Solche kleinen Privilegien machen es dem älteren Kind leichter, die für es geltenden größeren Pflichten und strengeren Regeln zu akzeptieren. Außerdem stärkt es sein Selbstbewußtsein ungemein, wenn es spürt, daß es Dinge tun darf, die seinem kleineren Geschwisterchen noch vorenthalten werden.

Wenn Kinder streiten

- Mischen Sie sich nicht in jeden Streit der Geschwister ein – viele Zwiste können Kinder auch alleine beilegen.
- Versuchen Sie, gerecht zu sein – das älteste Kind ist nicht immer an einem Streit schuld.
- Appellieren Sie nicht immer an die Vernunft des Älteren – auch dieses ist noch ein Kind.
- Helfen Sie jedem Kind, seine Bedürfnisse durchzusetzen – oft braucht gerade das ältere Kind Ihre Unterstützung.
- Kinder müssen sich an Regeln halten – machen Sie ihnen jedoch klar, daß sich die Regeln je nach Alter unterscheiden.

Kurz zuvor hatten die beiden noch Streit, jetzt hilft der Große dem Kleinen behutsam hoch

Versuchen Sie, gerecht zu sein

Eltern sollten nicht nur dann gerecht sein, wenn es um das Schlichten von Streitigkeiten geht. Auch Liebe, Zuneigung und Zeit, die die Eltern mit ihren Kindern verbringen, müssen gleichmäßig verteilt werden. Es ist zweifellos richtig, daß die meisten Eltern ihre Kinder mit gleicher Intensität lieben. Wichtig ist aber nicht nur, selbst dieses Gefühl zu haben, sondern es auch den Kindern zu vermitteln. Wenn Ihr Ältestes sieht, daß sich die Eltern in erster Linie um das Baby kümmern, während es selbst „endlich ruhig" sein soll, wird es schnell an Ihrer Zuneigung zu zweifeln beginnen.
Daß das Erstgeborene in vielen Familien nach der Geburt des zweiten Kindes zu kurz kommt, läßt sich übrigens auch wissenschaftlich belegen. In einer Untersuchung hat die englische Geschwisterforscherin Judy Dunn eindeutig nachgewiesen, daß die älteren Kinder weniger Streicheleinheiten von ihren Eltern bekommen, sobald ein Geschwisterchen auf der Welt ist. Zudem konnte die Forscherin mit ihrer Arbeit belegen, daß dieser Umstand den Eltern selbst meist gar nicht bewußt ist.

Nach der Geburt des zweiten Kindes, geben die Eltern allen Älteren weniger Streicheleinheiten

Achten Sie deshalb darauf, daß das Große trotz aller Begeisterung für das Nesthäkchen und bei aller Fürsorge, die das Baby braucht, nicht zu kurz kommt. Dies ist vor allem in den ersten Wochen nach der Geburt wichtig, wenn sich das Erstgeborene an seine veränderte Rolle in der Familie gewöhnen muß (siehe „Mama hat mich nicht mehr lieb", auf S. 37).

Manche Tage ist der durch das Neugeborene verursachte Streß allerdings so groß, daß sich die Eltern trotz aller guten Vorsätze nicht auch noch intensiv um ihr Ältestes kümmern können. Solche Ausnahmesituationen müssen dem Kind erklärt werden (siehe S. 45).

Ich bin anders!

Jedes Kind ist ein Individuum mit einzigartigen Eigenschaften und sollte auch dementsprechend behandelt werden. Sind die Kinder unterschiedlichen Geschlechts, unterscheidet sich ihre Erziehung meist deutlich. Oft aber wird sie dann nicht etwa dem Charakter angepaßt, sondern allein dem Geschlecht – ganz nach dem Motto *„Jungen spielen lieber mit Autos und Mädchen mit Puppen"*. Ob eine solche geschlechterspezifische Trennung sinnvoll ist, bleibt fraglich, soll aber im Rahmen dieses Ratgebers nicht weiter erörtert werden. Interessierte Eltern finden zu diesem speziellen Thema ausreichend Fachliteratur in jeder Buchhandlung.
Haben ihre Kinder aber dasselbe Geschlecht, neigen Eltern oft dazu, beide völlig gleich zu behandeln. Manchmal geschieht dies völlig unbewußt, oft aber wollen sie einfach besonders gerecht sein.
Allerdings darf man Gerechtigkeit nicht mit „Gleichbehandlung" verwechseln. Natürlich sollten Sie Ihren Kindern gleichviel Liebe und Aufmerksamkeit schenken und sie nach den selben Prinzipien erziehen – dennoch müssen Sie dabei auch immer ihr Wesen berücksichtigen.

Wenn beispielsweise die sensiblere ältere Tochter schon auf den leichtesten Tadel der Eltern verschreckt reagiert, die jüngere dagegen völlig unberührt bleibt, würde eine objektive Gleichbehandlung tatsächlich eine Ungleichbehandlung bedeuten. Die Ältere wäre nämlich ständig eingeschüchtert und niedergeschlagen, während bei der Jüngeren die Erziehungsversuche der Eltern ohne Wirkung blieben.

Wichtig: Beobachten Sie darum Ihre Kinder ganz bewußt, und passen Sie die Erziehungsmaßnahmen deren Charakter an.

Was das Kleine hat, will ich auch!

Obwohl Kinder oft um Spielsachen streiten, ist die Frage der materiellen Gerechtigkeit in den meisten Familien ein relativ kleines Problem. Trotzdem wird das ältere Kind sicher meutern, wenn es bemerkt, daß Mama und Papa dem Neugeborenen ständig Spielzeug mitbringen, es selbst aber leer ausgeht. Auch wenn die Eltern vielleicht richtig einwenden, daß das Ältere doch schon so viele Spielsachen hat und das Baby noch keine, sollte auch das ältere Kind ab und zu mitbeschenkt werden. Dabei geht es überhaupt nicht um materielle Gerechtigkeit, sondern darum, daß das Kind sieht, daß die Eltern nicht nur an das Baby denken. Die Geschenke haben fur das Kind nicht nur praktischen Wert, es sind vor allem Zeichen für die Zuneigung von Papa und Mama.
Zum Problem für das Erstgeborene können auch die Geschenke werden, die Verwandte und Freunde bei ihren Antrittsbesuchen dem Baby mitbringen. Meist steht dann das Älteste mit leeren Händen und neidischen Blikken da. Mit etwas Voraussicht läßt sich dieser Frust aber vermeiden. Wenn Sie wissen, daß Freunde zu Besuch kommen, bitten Sie sie einfach, ganz auf ein Geschenk zu verzichten oder aber statt einem großen Geschenk für das Baby je eine kleine Aufmerksamkeit für jedes der Kinder mitzubringen.
Oder aber Sie kaufen eine Reihe kleiner Geschenke für das älteste Kind, packen diese nett ein und verstecken sie bei sich zu Hause, beispielsweise im Garderobenschrank. Kommen dann Freunde zu Besuch, die nur mit einem Geschenk bewaffnet sind, greifen Sie schnell in Ihren Geheimvorrat, drücken den Freunden ein vorbereitetes Präsent in die Hand und bitten sie, es Ihrem Ältesten zu schenken. So vermeiden Sie Enttäuschung beim Erstgeborenen. Allerdings sollten Sie Ihrem Besuch schon erklären, was es mit der Geschenkaktion auf sich hat. Der könnte das Ganze sonst als Anspielung darauf verstehen, daß man mit seinem Mitbringsel nicht zufrieden

Sie brauchen nicht sofort einzugreifen; Kinder können Streit erst einmal unter sich ausmachen

war. Dann hätten Sie zwar zwei glückliche Kinder, aber ein paar gute Freunde weniger.
Bald ist das Nesthäkchen dem Kinderwagen entwachsen, und sofern der Altersunterschied zwischen ihm und dem Erstgeborenen nicht allzu groß ist, wird es sich für dessen Spielsachen interessieren. Streit kann hier regelrecht vorprogrammiert sein. Aufgabe der Eltern ist es nun, den Kindern klarzumachen, daß man Spielsachen auch teilen kann. Das Ältere darf dabei aber nicht nach dem Motto *„Das gehört jetzt alles euch beiden"* enteignet werden. Jedes Kind sollte durchaus auch Spielzeug haben, das ganz allein ihm gehört. Besonders wichtig ist das bei Sachen, mit denen man nicht gemeinsam spielen kann. Ein Malbuch beispielsweise kann eben nur einer benutzen, und sein Lieblingskuscheltier teilt man nicht gern mit dem Geschwisterchen.

Die Eltern als Vorbild

Wie der Vater, so der Sohn – Kinder imitieren das Rollenverhalten der Eltern

Das Verhältnis der Kinder untereinander wird größtenteils durch das Vorbild der Eltern geprägt. Wie Vater und Mutter miteinander und mit ihren Kindern umgehen, hat starken Einfluß auf deren Verhalten. Eltern, die ständig miteinander streiten und ihr Ältestes bei allen Gelegenheiten mit Schimpftiraden überziehen, dürfen sich nicht wundern, wenn ihre Handlungsweise kopiert und das Gelernte am Baby ausprobiert. Schließlich hat es von seinen Vorbildern – den Eltern – gelernt, Konflikte durch Aggression zu bewältigen.
Auch das Rollenverhalten in der Familie wird von den Kindern unbewußt übernommen. „Regiert" beispielsweise der Vater als Alleinherrscher in der Familie, ist es nicht ungewöhnlich, wenn der Sohn diese Rolle übernimmt und das neugeborene Schwesterchen mit männlicher Härte zu beherrschen versucht.

Rücksichtnahme statt Ego-Trip

In einer Familie leben Menschen mit unterschiedlichen Wünschen und Bedürfnissen zusammen. Ein einigermaßen streßfreies Familienleben ist nur möglich, wenn alle bereit sind, aufeinander Rücksicht zu nehmen. Auch Kinder müssen lernen, ihre eigenen Ansprüche und Wünsche einmal zurückzustellen, wenn die Eltern Zeit für sich benötigen.
Obwohl wir bisher immer wieder darauf hingewiesen haben, daß Sie sich in der Zeit nach der Geburt verstärkt mit dem älteren Kind befassen müssen, war das keine Aufforderung zur Selbstaufgabe. Wenn Sie vom Geschrei des Babys genervt und von den ewigen Forderungen des Ältesten gestreßt sind, dürfen Sie ohne schlechtes Gewissen ruhig mal eine Pause für sich einfordern.

Zur Entlastung der Eltern kann sich der große Bruder auch einmal alleine um das Schwesterchen kümmern

Mit der Geburt Ihrer Kinder haben Sie sich nämlich nicht gleichzeitig zur Aufgabe aller Ihrer Interessen verpflichtet. Sicherlich werden Sie Ihre persönlichen Bedürfnisse und Ihre Hobbys einschränken müssen, doch gewisse Freiräume dürfen und sollten sich die Eltern durchaus erhalten. Ihr Ältestes wird, wenn Sie konsequent sind, schon bald verstehen, daß es nicht stören darf, wenn die Mama beispielsweise ihre Lieblings-CD anhört oder der Papa am Cumputer arbeitet. Man kann ihm durchaus klarmachen, daß man sich im Augenblick gerade nicht mit ihm beschäftigen kann oder will. In einem solchen Fall sollten Sie aber dem Kind Alternativen anbieten. Sagen Sie also nicht: *„Die Mama/der Papa hat keine Lust mit dir zu spielen"*, sondern lieber: *„Ich möchte jetzt die Zeitung lesen, nach dem Mittagessen gehen wir dann aber miteinander in den Tierpark."*

Wie man es auch dreht und wendet – unter dem Strich wird nach der Geburt des zweiten Kindes weniger Zeit für das Erstgeborene übrigbleiben. Deswegen ist es besonders wichtig, daß sich die Eltern in der verbleibenden Zeit intensiv mit ihm auseinandersetzen. Die Beschäftigung mit dem Kind sollte dabei nicht so aussehen, daß Mama und Papa fernsehen oder lesen, während das Kind daneben sitzt und mit den Legosteinen spielt. Auch ein beifälliges Murmeln alle paar Minuten macht Sie beide noch nicht zu aktiven Spielteilnehmern. Anstatt nur Zuschauer zu sein, sollten die Eltern gemeinsam oder einzeln mit dem älteren Kind spielen, Ausflüge unternehmen, einkaufen gehen, basteln oder Sport treiben. So läßt sich eine vertrauensvolle und intensive Beziehung zum Kind herstellen, und das Älteste ist sich der Zuneigung der Eltern sicher.

Aufgabenteilung in der Familie

Die Geburt eines Kindes bedeutet immer eine Veränderung. Dies ist vor allem beim ersten Kind so, doch auch beim zweiten ändert sich der Tagesablauf noch einmal. Auf die Eltern kommt Mehrarbeit zu, die gerecht verteilt werden muß.

Diese Binsenweisheit wird selbst in unserer Gesellschaft, die sich die Gleichberechtigung der Geschlechter aufs Banner geschrieben hat, von vielen Familienvätern noch immer nicht beherzigt. Die traditionelle Rollenverteilung, nach der der Mann das Geld verdient und die Frau sich um Kinder und Haushalt kümmert, hat vielerorts immer noch ihre Gültigkeit. Das führt leider oft dazu, daß die Frauen einen 16-Stunden-/Arbeitstag auf sich nehmen, während die Männer nach acht Stunden im Büro nach Hause kommen, um sich dann erschöpft vor dem Fernseher niederzulassen oder sich ihrem Hobby zuzuwenden. Viele stolze Väter freuen sich zwar, am Abend ihr Neugeborenes auf den Armen zu halten, sobald der „kleine Stinker“ aber Arbeit macht, ist meistens wieder die Mama dran.

Gleichberechtigung? In vielen Familien leider noch ein Fremdwort

Die Folge: Die Mutter wird immer genervter und gestreßter, und der Vater wundert sich, warum seine Frau mit dem Baby so schlecht zurecht kommt. Denn eigentlich macht das Kleine ja „fast keine Arbeit“. In einigen Familien endet das erhoffte Kinderglück dann in einer handfesten Ehekrise und damit, daß die überarbeitete Mutter kaum noch Zeit für das Erstgeborene findet.

Wie gestreßte Ehefrauen ihre Männer zur Mitarbeit bei der Kindererziehung bringen können? Das muß jede Frau für sich selbst herausfinden. Wollten wir Ihnen diese Frage hier beantworten, müßte dieser Ratgeber wohl um einige Seiten dicker sein. Denn Männer sind oft schwieriger zu „erziehen“ als so manches Kind.

Mama und Papa sind ein Team

Fest steht, daß sich Kindererziehung nur mit Teamwork erledigen läßt. Nur so bleibt beiden Elternteilen ein angemessener Freiraum für eigene Interessen, und das Kind begreift, daß Mama, Papa, es selbst und das Geschwisterchen eine Familie sind, die miteinander durch dick und dünn geht. Dieses Gefühl der Geborgenheit und des Vertrauens ist für die kindliche Entwicklung sehr wichtig.

Lernt das Älteste die Familienmitglieder dagegen als Einzelkämpfer kennen, dürfen sich die Eltern nicht wundern, wenn es versucht, seine Vorteile gegenüber dem Neugeborenen zu sichern. In Familien, in denen die Eltern die Erziehungspflichten dagegen gemeinsam wahrnehmen, hat das Erstgeborene zumeist wesentlich weniger Schwierigkeiten, das Neugeborene zu akzeptieren, als in Familien, in denen das nicht der Fall ist.

Der Familienrat tagt

Es bedarf wohl keiner besonderen Erwähnung, daß Eltern anstehende Probleme gemeinsam lösen sollten. Ist das Erstgeborene schon etwas älter, kann es gelegentlich an einer solchen „Besprechung“ teilnehmen. Dabei darf

man dem Kind aber nicht die Rolle des stillen Zuhörers zuweisen. Vielmehr muß es die Gelegenheit bekommen, seine Meinung, Wünsche und Beschwerden zu äußern. Bei auftauchenden Schwierigkeiten können Sie es ruhig einmal um Rat fragen. Dies gilt auch und vor allem für Fragen, die das Neugeborene betreffen. Sie werden sich wundern, wie oft das Kind die besten und einfachsten Lösungsvorschläge parat hat. Hat das Älteste das Gefühl, daß seine Meinung wichtig ist, wird es das Konkurrenzgefühl zum Baby schnell abbauen (siehe dazu S. 45).
Selbstverständlich werden sich einige Vorschläge als nicht durchführbar erweisen. Lassen sich die Ideen des Kindes nicht umsetzen, sollte man sie aber nicht einfach als Blödsinn abtun. Vermitteln Sie Ihrem Kind vielmehr das Gefühl, ernst genommen zu werden und erklären Sie ihm, warum Sie seine Anregung nicht verwirklichen können.

Atempausen für die Eltern

Irgendwann werden auch der geduldigsten Mutter ihre Kinder zuviel! Das ist völlig normal und kein Anlaß für ein schlechtes Gewissen – wenn es soweit ist, sollte sie sich jemanden suchen, bei dem sie die Kleinen für ein paar Stunden „abgeben" kann. Auch Mütter (und erziehende Väter) haben das Recht auf ein eigenes Leben und auf Zeiten, in denen sie nur für sich selbst da sind. Kann der Partner nicht einspringen, bleiben immer noch die Großeltern, Verwandte, Freunde oder Bekannte. Wollen die Eltern einmal gemeinsam ausspannen, können die selben Personen oder eine verständnisvolle Kinderfrau dafür sorgen, daß aus Mama und Papa für einige Stunden wieder ein kinderloses Paar wird. Ein Stadtbummel ohne Kinderwagen, ein gemeinsamer Kaffeehausbesuch ohne das gewohnte Zerren am Hosenbein oder ein romantisches Abendessen bei Kerzenlicht – solche kurzen Pausen vom Alltag machen die Eltern wieder fit für die Kindererziehung. Dieser Erholungsurlaub tut nicht nur Ihnen gut, sondern auch dem Kind. Es erlebt die Eltern in der Folge ausgeglichener und weniger gereizt. Ausgeruht haben sie wieder die nötige Kraft, um sich neben dem Baby auch noch ausgiebig mit dem Älteren zu beschäftigen. Je erholter Sie sind, desto besser machen Sie Ihren Job als Eltern! Außerdem stellen die Ausflüge zur Oma oder zur Tante für ein älteres Kind meist auch ein spannendes Abenteuer dar. Denn: Wie auch Sie nicht ausschließlich mit Ihrem Kind zusammensein wollen, freut sich auch Ihr Kind, einmal andere Gesichter zu sehen.

Nehmen Sie sich immer wieder Zeit, mit Ihrem Partner etwas zusammen zu unternehmen

Der Kindergarten, dein Freund und Helfer

Die mit der Geburt des zweiten Kindes auftretenden erheblichen Mehrbelastungen für die Eltern lassen sich gut in den Griff bekommen, wenn das ältere Kind einen Teil des Tages im Kindergarten verbringen kann. Vor allem für die Mutter sind diese Stunden eine große Entlastung. Sie hat zumindest am Vormittag ausreichend Zeit, sich um das Baby zu kümmern, ohne das Älteste zu vernachlässigen, denn das tollt ja unterdessen mit seinen Spielkameraden herum.

Noch immer haben manche Mütter und Väter ein schlechtes Gewissen, wenn sie nicht rund um die Uhr für ihr Kind da sein können und es in eine Tagesstätte geben müssen. Sie fühlen sich als Rabeneltern, obwohl das nicht gerechtfertigt ist. Kindertagesstätten wie auch Kindergärten sind heute keine Einrichtungen mehr zur Kinderaufbewahrung, sondern Orte, an denen die Kinder fachgerecht betreut werden und Dinge lernen, die ihnen die Eltern zu Hause nicht vermitteln können. Dies gilt insbesondere auch für das soziale Verhalten. Denn dort lernen sie, sich in einer Gruppe zurechtzufinden und durchzusetzen.

Im Kindergarten lernen Kinder Dinge, die Ihnen die Eltern zu Hause nicht vermitteln können

Manche Kinder können die Trennung von der Mutter anfänglich nur schlecht verkraften und haben deswegen massive Eingewöhnungsschwierigkeiten im Kindergarten. Wenn das ältere Kind dann noch meint, aufpassen zu müssen, daß das kleine Geschwisterchen nicht allzuviel Liebe von der Mama beansprucht, will es natürlich erst recht zu Hause bleiben. Hat sich das Kind dagegen schon gut im Kindergarten oder der Tagesstätte eingelebt und dort Freunde gefunden, ist es eher bereit, den Neuankömmling in den heimischen vier Wänden mit der Mutter allein zu lassen. Aber auch das kann schiefgehen, wie der folgende Fall zeigt.

UNSER TIP

Ihr Ältestes sollte schon lange vor der Geburt seines Geschwisterchens daran gewöhnt sein, in den Kindergarten zu gehen. Bemerkt Ihr Kind nämlich, daß es plötzlich nach der Geburt des Babys jeden Morgen weggebracht wird, könnte es sich abgeschoben fühlen und an der Liebe seiner Eltern zweifeln.

Wenn das Verhalten des Kindes sich ändert

Die Mutter des dreijährigen Andreas erzählt: *„Seit seinem zweiten Lebensjahr ist Andreas im Kindergarten. Anfangs gab es ein paar Schwierigkeiten, doch nach ein paar Wochen hatte er sich dort super eingelebt und viele Freunde gewonnen. Darüber waren wir sehr froh, denn ich war inzwischen wieder schwanger. Als ich dann aber mit der kleinen Laura aus dem Kran-*

Mit den anderen Kindern aus dem Kindergarten kann Ihr Kind viele lustige Spiele unternehmen

kenhaus nach Hause kam, änderte sich sein Verhalten schlagartig. Von einem Tag auf den anderen weigerte er sich, in den Kindergarten zu gehen. Weder Drohungen noch Versprechungen halfen, Andreas wollte einfach nicht mehr von mir weg."

Die Geschichte von Andreas ist zwar eher als Ausnahme zu sehen, doch sie kommt häufig genug vor, um sich hier näher mit ihr zu befassen.
Andreas' Weigerung, in den Kindergarten zu gehen, ist einfach zu erklären. Er wollte nicht, daß „seine" Mutter allein mit dem Baby war. Er mußte wissen, was da zu Hause vor sich ging, und glaubte, durch seine Anwesenheit sicherstellen zu können, daß die Mama nicht plötzlich das Baby mehr liebte als ihn. Wie ein eifersüchtiger Liebhaber wich er deshalb der „Frau seines Herzens" den ganzen Tag nicht von der Seite.

Was Sie tun können

Verweigert Ihr Kind den Besuch des Kindergartens, sollten Sie es nicht dazu zwingen. Es würde sich dann nur in seinen Ängsten bestätigt fühlen und glauben, daß es abgeschoben werden soll, *„weil die Mami das Kleine viel lieber hat"*. Reden Sie mit Ihrem Kind, und sagen Sie ihm, daß es jetzt zwei Wochen „Urlaub" hat und während dieser Zeit nicht in den Kindergarten gehen muß. Machen Sie ihm aber deutlich, daß es sich hierbei nur um eine Unterbrechung mit absehbarem Ende handelt. Wohnt ein Kindergartenfreund in der Nachbarschaft, sollten Sie diesen immer wieder einladen, damit das Interesse Ihres Kindes am Kindergarten und seinen dortigen Spielkameraden erhalten bleibt.
In der Regel wird Ihr Kind schnell bemerken, daß es zu Hause nichts versäumt und es dort eigentlich viel lang-

weiliger ist als im Kindergarten. Meist wird es von sich aus schon vor Ende seines „Urlaubs“ fragen, ob es wieder in den Kindergarten darf. Will Ihr Kind aber absolut nicht in die Tagesstätte oder den Kindergarten zurück, müssen Sie die möglichen Gründe dafür herausfinden. In jedem Fall sollten Sie mit der Kindergartenerzieherin sprechen und sie auf die speziellen Probleme Ihres Kindes hinweisen. Sie kann dann auf Ihr Kind besonders achten. Zur Wiedereingewöhnung läßt sich eventuell auch die Kindergartenzeit verkürzen. Dann holt man das Kind beispielsweise schon zur Mittagszeit wieder nach Hause. Möglich ist es auch, das Kind nur jeden zweiten Tag im Kindergarten abzugeben und ihm zu erlauben, an den übrigen Tagen zu Hause bei der Mama und dem Geschwisterchen zu bleiben.

Probleme in der Tagesstätte? – Die Kindergartenerzieherin ist Ihre Ansprechpartnerin

Beim Kindergartenbesuch des Erstgeborenen ist folgendes zu beachten:

- Bringen Sie Ihr Kind einige Zeit vor der Geburt des Geschwisterchens in den Kindergarten.
- Will Ihr Kind in der Zeit nach der Geburt zu Hause bleiben, lassen Sie es zwei bis drei Wochen Ferien machen.
- Hat Ihr Kind nach seinem Urlaub Probleme mit der Wiedereingewöhnung, kann es ratsam sein, das Kind für eine Übergangszeit nur halbtags oder jeden zweiten Tag in den Kindergarten zu bringen.
- Sprechen Sie über die Probleme Ihres Kindes mit der Kindergartenerzieherin.

Wenn das Kind behindert ist

Wenn in einer Familie ein behindertes Kind geboren wird, verändert sich das Leben der Eltern und des älteren Geschwisterchens noch stärker, als dies ohnehin schon bei der Geburt eines Kindes der Fall ist. Je nach Art der Behinderung kann der Pflegeaufwand von Beginn an sehr groß sein. In diesem Fall müssen sich die Eltern besonders intensiv um das Neugeborene kümmern. Außerdem stehen viele betroffene Mütter und Väter nach der Geburt des Kindes regelrecht unter Schock.

Selbst wenn sie bereits vor der Entbindung wissen, daß das Kind behindert sein wird, brauchen sie meist einige Zeit, um sich auf die schwierigen Umstände einzustellen.

In dieser Phase kommt dann häufig das gesunde ältere Kind zu kurz. Von ihm wird nun erwartet, daß es möglichst wenig stört und auf das Baby wie auch auf die Eltern Rücksicht nimmt. Außerdem bekommt es plötzlich weniger Aufmerksamkeit und Zuwendung. Ständig werden seine Interessen zurückgestellt.

Während die Eltern früher jedes Wochenende tolle Ausflüge mit ihm gemacht haben, muß es jetzt Sätze wie die folgenden häufiger hören: *„Du weißt doch, dein Geschwisterchen ist krank, um das müssen wir uns jetzt besonders kümmern“, „Kannst du denn keine Rücksicht nehmen, du weißt doch, daß das Baby behindert ist“*, oder gar: *„Wir haben jetzt keine Zeit für dich, wir müssen uns um das Kleine kümmern. Nimm doch endlich mal Rücksicht darauf, daß es nicht so gesund ist wie du!“*
Von einem Tag auf den anderen soll das ältere Kind „erwachsen“ werden. Damit aber wird es völlig überfordert. Denn, auch wenn es gesund ist, so bleibt es immer noch ein Kind. Die Mehrarbeit, die ein behindertes Kind mit sich bringt, muß derart auf die Eltern verteilt werden, daß auch für das Älteste ausreichend Zeit bleibt.

UNSER TIP

Welche Hilfen von seiten des Staates gegeben werden, erfahren Sie bei Ihrem örtlichen Jugend- beziehungsweise Sozialamt. Zögern Sie nicht, die gebotene Unterstützung in Anspruch zu nehmen. Jede Hilfe, die Sie erhalten, gibt Ihnen die Möglichkeit, sich intensiver mit Ihren Kindern zu befassen.

Trotzdem wird das ältere Kind immer wieder zurückstecken müssen. Warum das so ist, sollten Sie ihm je nach Einzelfall genau erklären. Wenn Sie ihm sagen: *„Wir können heute nicht auf den Spielplatz gehen, weil der Arzt zu Moritz kommt“*, wird Ihr Kind das viel eher akzeptieren, als wenn es kurz und bündig heißt: *„Ich habe keine Zeit für dich.“*

Der Umgang mit dem behinderten und dem nichtbehinderten Kind

Achten Sie darauf, daß auch das gesunde Kind immer wieder Ihre volle Beachtung bekommt. Die gemeinsamen Ausflüge, der Zirkusbesuch mit dem Papa oder das Schlittschuhlaufen mit der Mama sind besonders dann wichtig, wenn die Eltern im Alltag nicht mehr so viel Zeit haben, wie dies für beide Seiten wünschenswert wäre. Das gesunde Kind kann auch durchaus in die Babypflege mit einbezogen werden, wenn es dafür Interesse zeigt. Wenn das behinderte Kind von Anfang an im Mittelpunkt der elterlichen Aufmerksamkeit steht, ist es völlig normal, wenn das ältere Kind Eifersuchts- und Angstgefühle entwickelt. Ständig muß es sich fragen, ob die Eltern es selbst noch lieb haben oder ob „das Neue“ seinen Platz eingenommen hat. Statt Verständnis für das behinderte Kind zu entwickeln, baut sich schnell eine Abneigung gegen die vermeintliche Konkurrenz auf.
Die entstehenden Verhaltensmuster sind im Prinzip die gleichen, wie bei der Geburt eines gesunden Babys (siehe dazu S. 37). Verstärkend kommt aber hinzu, daß sich die Eltern mehr um das behinderte Kind kümmern müssen und deswegen die Bedrohung extremer empfunden wird.

Auch wenn ein behindertes Kind viel Liebe und Aufmerksamkeit braucht, muß noch genügend Zeit für das nicht behinderte bleiben

Auch ein behindertes Kind braucht Grenzen

Viele Eltern eines behinderten Kindes haben Skrupel, ihm gegenüber mit der gleichen Konsequenz aufzutreten, wie sie dies bei einem gesunden Kind machen würden. Das Kind soll schließlich nicht noch zusätzlich eingeengt werden. Grundsätzlich kann diese Haltung aber dazu führen, daß das Kind völlig verzogen wird und auf den leisesten Ansatz einer Verweigerung mit heftigen Trotzanfällen reagiert. In einigen Fällen „verlernt" das Kind dann völlig, sich ohne Trotz durchzusetzen. Auch wird das Ältere die Nachgiebigkeit der Eltern als ungerecht empfinden und sich zurückgesetzt fühlen.

UNSER TIP

Erziehen Sie ein behindertes Kind ebenso wie ein nichtbehindertes. Es braucht die gleichen festen Grenzen, und seine gesundheitliche Einschränkung darf kein Grund sein, ihm diese zu verweigern. Widmen Sie beiden gleichermaßen Ihre Aufmerksamkeit, und verteilen Sie Ihre Streicheleinheiten gerecht.

Wenn das gesunde Kind die „Familienehre" retten soll

Wie schon erwähnt, führt die Geburt eines behinderten Kindes in manchen Familien dazu, daß vom gesunden älteren Kind plötzlich ein besonders vernünftiges und rücksichtsvolles Verhalten gefordert wird. Von einem Tag auf den anderen drängen die Eltern es in die Rolle eines kleinen Erwachsenen.

Einige Eltern aber fordern noch mehr: Sie setzen nach der Geburt des behinderten Babys all ihre Hoffnungen auf das gesunde Kind. Was das Behinderte nicht erreichen kann, soll – nein muß – das Gesunde schaffen. Durch Höchstleistungen soll es die „Familienehre" retten. Egal, ob in der Schule, beim Sport oder zu Hause – überall wird nun Besonderes gefordert. Nur die wenigsten Kinder halten diesem Dauerdruck stand. Psychische Störungen können die Folge sein. Die wenigsten Eltern verändern ihr Verhalten dem ältesten Kind gegenüber absichtlich. Es ist also nicht so, daß sie den Entschluß fassen und äußern: *„Unser jüngstes Kind ist behindert, deshalb muß das Älteste besonders erfolgreich sein."* Vielmehr werden die Anforde-

Unterstützen Sie Ihre Kinder, wenn sie miteinander etwas unternehmen wollen

rungen nach oben geschraubt, ohne daß dies den Eltern bewußt ist. Sollte Ihr Ältestes in der Zeit nach der Geburt des behinderten Babys vermehrt „Streßsymptome“ zeigen, kann eine kritische Selbstbefragung durchaus angebracht sein. Oft merkt man erst durch eine Analyse des eigenen Verhaltens, daß man sein Kind überfordert hat.

Berührungsängste gibt es nicht

Anders als Erwachsene haben Kinder keine Berührungsängste im Umgang mit Behinderten. Anstatt beispielsweise mit Anblick eines mongoloiden Menschen verschämt zur Seite zu blikken, gehen Kinder offen auf solche Menschen zu. Eine Behinderung schreckt sie keineswegs ab. Deswegen wird ein behindertes Geschwisterchen von ihnen genauso als Spielkamerad akzeptiert wie ein gesundes. Diese Unvoreingenommenheit sollten die Eltern fördern.

Aus Angst, daß dem behinderten Nesthäkchen beim Spielen mit dem älteren Kind etwas zustoßen könnte, sehen manche Eltern aber dem Spiel ihrer Kinder mit zwiespältigen Gefühlen zu. Mit Mahnungen zur Vorsicht greifen sie immer wieder ein und beenden das Spiel oft vorzeitig.

Je nach Schwere der Behinderung ist ein gewisses Maß an Rücksichtnahme sicher angebracht, und natürlich müssen die Eltern das gesunde Kind über die Behinderung des Jüngeren aufklären. Es muß verstehen, daß sein Geschwisterchen manche Dinge nicht machen kann und daß es andere nicht machen darf, weil sie zu gefährlich sind. Falsch ist es aber, wenn die Eltern ihrer Angst nachgeben und das Behinderte sozusagen in Watte hüllen wollen. Gerade für Kinder, die mit einer körperlichen oder geistigen Beeinträchtigung leben müssen, ist es wichtig, daß sie ein möglichst hohes Maß an Selbständigkeit erreichen. Das gelingt aber nur, wenn man sie am Leben teilhaben läßt und sie davon nicht abschottet.

Wenn Eltern das unbefangene Spiel des nichtbehinderten mit dem behinderten Kind unterbinden, bauen sie im Lauf der Zeit eine gefühlsmäßige Mauer zwischen den beiden auf. Ein harmonisches Verhältnis zwischen den Geschwistern wird sich kaum entwickeln.

Es ist wichtig, behinderte Kinder soweit wie möglich am Alltagsleben teilnehmen zu lassen, um ihre Selbständigkeit zu fördern

UNSER TIP

Nehmen Sie auf die Behinderung Ihres Kindes nur insoweit Rücksicht, wie dies aus medizinischen oder psychologischen Gründen notwendig ist. Versuchen Sie, das Kind so normal wie möglich zu behandeln und aufwachsen zu lassen.

Streit zwischen gesundem und behindertem Kind

Wenn das behinderte Kind die Puppe des gesunden Kindes kaputtmacht, dessen Spielzeugauto demoliert oder dessen Lieblingsbuch zerreißt, passiert dasselbe wie unter gesunden Geschwistern: Es gibt Streit. Während die Eltern aber in dem einen Fall wissen, wie sie sich verhalten sollen, und den Übeltäter zurechtweisen, sind sie im anderen Fall oft unsicher und wissen nicht, wie sie reagieren sollen. Einem geistig behinderten Kind ist ja manchmal gar nicht bewußt, daß es etwas Verbotenes tut.

Streitigkeiten gerecht schlichten

Bei Streitigkeiten zwischen dem gesunden und dem behinderten Kind sind die Eltern mehr als sonst als Schlichter gefordert. Sie müssen beim gesunden Kind Verständnis für die Situation des behinderten wecken. Dazu reicht ein einfacher Appell an die Rücksichtnahme nicht aus. Die Ermahnung *„Du weißt doch, dein Bruder ist behindert"* wird schnell zu einer Floskel, die das gesunde Kind bald nicht mehr akzeptiert. Sobald es alt genug ist, die Zusammenhänge zu begreifen, sollten ihm die Eltern daher genau erklären, welche Behinderung sein Geschwisterchen hat. Bedenken Sie jedoch: Auch eine noch so gute Erklärung macht die Puppe nicht wieder heil, und das Spielzeugauto wird dadurch auch nicht repariert. Die Eltern sollten deswegen ihrem Kind bei der „Schadensbeseitigung" helfen und ihm unter Umständen auch ein zerstörtes Spielzeug neu kaufen.

Ihrem behinderten Kind sollten Sie erklären, daß es die Spielsachen seines Geschwisterchens nicht kaputtmachen darf. Je nach Art der Behinderung können und sollen die Eltern auch dem behinderten Kind durchaus deutliche Grenzen setzen.

Krisensituationen meistern

Geschwisterstreit und schlechte Noten

Verteilen Sie Ihre Aufmerksamkeit und Zuneigung gleichmäßig auf ihre Kinder – so fühlt sich keins benachteiligt

Rivalität unter Geschwistern ist etwas völlig Normales und für die Entwicklung der Kinder durchaus förderlich. Wenn sich die Kinder streiten, brauchen die Eltern also nicht ständig besorgt einzugreifen. Nur in Ausnahmefällen, wenn der Zwist außer Kontrolle gerät, sind sie als Schlichter gefragt (siehe dazu auch S. 50). Streitigkeiten, in denen es um Spielsachen, Erdbeereiscreme und Basketball-T-Shirts geht, werden Eltern nie verhindern können. Und außerdem, warum sollten sie das überhaupt.

Streit, der entsteht, weil die Kinder um die Liebe und Zuneigung der Eltern wetteifern, läßt sich durch Vorbeugemaßnahmen auf ein Minimum beschränken. Auch nachdem die Anfangsrivalität zwischen dem Erst- und dem Zweitgeborenen beigelegt ist, werden beide weiterhin genauestens darauf achten, daß sie bei der Verteilung der Streicheleinheiten nicht zu kurz kommen.

Deswegen lautet die erste und wichtigste Regel im Verhältnis der Eltern zu ihrem Nachwuchs: Geben Sie jedem Ihrer Kinder die Sicherheit, daß es geliebt wird. Denken Sie auch daran, daß Liebe nicht an Bedingungen geknüpft werden darf.

Gerade in Zeiten, in denen Ihr Kind Probleme hat und vielleicht Ihre Erwartungen nicht erfüllt, braucht es Ihre Zuneigung. Auch wenn es in der Mathearbeit versagt oder die teure chinesische Vase zertrümmert hat, will es geliebt werden. Das bedeutet selbstverständlich nicht, daß sie sich über die Sechs in Mathe freuen oder den Verlust der teuren Vase mit einem lachenden „Scherben bringen Glück“ quittieren müssen. Sie dürfen Ihrem Kind durchaus klarmachen, daß Sie mit diesem oder jenem Verhalten von ihm nicht einverstanden sind. Aber noch einmal: An der Liebe zu Ihrem Kind dürfen auch schlechte Schulnoten und teure Scherben nichts ändern, und daß dem so ist, müssen Sie ihm auch deutlich zeigen.

Sagen sie also nicht: *„Jetzt hast du schon wieder eine schlechte Note in Mathe. Kannst du dich nicht mal anstrengen. Du bist ja stinkfaul. Bis sich die Noten verbessert haben, werde ich mit dir nicht mehr Fußballspielen gehen, und den Urlaub mit uns kannst du auch vergessen“*, sondern nehmen Sie Ihr Kind in den Arm, und sagen Sie: *„Die Mathenoten sind ja ganz schön mies. Da müssen wir mal was dagegen tun. Was hältst du davon, wenn wir jeden Nachmittag zusammen eine Stunde lernen.“*

Nicht jeder ist ein Superstar

Kinder sind von Natur aus verschieden, so daß auch ihre Begabungen in völlig unterschiedlichen Bereichen liegen können. Vergleiche zwischen den Geschwistern fallen deshalb für eines der beiden immer schlecht aus und sollten deshalb für die Eltern tabu sein.

Der 14jährige Stefan ist ein Sprachtalent der Extraklasse. Seit Beginn seiner Schulkarriere hat er jede Englischarbeit als Klassenbester beendet und ist deswegen der Stolz seiner Eltern. Immer wieder loben sie ihn für seine tollen Leistungen. Sein zwei Jahre jüngerer Bruder Björn hat nichts von der Sprachbegabung seines Bruders abbekommen. Eine Fünf ist für ihn die Standardnote bei Englischarbeiten. Das letzte Mal war aber alles ganz anders. Tagelang hatte er sich auf die Arbeit vorbereitet und eine drei geschafft. Eine schlechte drei zwar – aber immerhin. Als er mit seiner Arbeit stolz nach Hause kam, gab es statt des erhofften Lobes aber wieder nur Tadel: „Na, das ist ja schon wieder nichts. Nimm dir ein Beispiel an deinem Bruder, der schafft es doch auch. Es wird doch nicht so schwer sein, die paar Englischvokabeln zu behalten." Enttäuscht zog Björn davon und beschloß, nie mehr ein Englischbuch auch nur aufzuschlagen.

Björns Eltern haben seine Leistungen immer an denen seines Bruders gemessen. Mit denen konnte er jedoch nicht mithalten und war deswegen zwangsläufig immer enttäuscht. Da seine Anstrengungen nie honoriert wurden, beschloß er schließlich, gar nichts mehr zu lernen.

Richtiger wäre es gewesen, Björn an seinen eigenen Leistungen zu messen und ihn für Verbesserungen ausgiebig zu loben. Eine Drei statt einer Fünf ist schließlich eine Superleistung, und damit hätte Björn eigentlich nicht Schelte, sondern eine Einladung zum Eisessen verdient.

Lob ist das Lebenselixier für Ihr Kind. Auch wenn es mit der Leistungsverbesserung in der letzten Klassenarbeit nicht geklappt hat, dürfen Eltern ihr Kind nicht auf eine „Lobdiät" setzen. Natürlich können Sie es nicht dafür loben, daß es wieder mal eine Fünf bekommen hat. Im Gegenteil, Sie müssen ihm deutlich machen, daß das Ziel ab sofort „Leistungsverbesserung" heißt und sollten Ihre Hilfe für den Weg zum Ziel anbieten. Aber vielleicht ist Ihr Kind ja ein Supersportler, malt schöne Bilder, kann gut Klavier spielen oder ist einfach nur ein tolles Kind. Und das muß anerkannt werden – so stimmt der „Lob-Haushalt" des Kindes wieder.

Ihr Kind verdient Ihr Lob und Ihre Anerkennung, auch wenn sich sein Fleiß und seine Arbeit nicht in einer hervorragenden Schulnote widerspiegeln

Den Familienzusammenhalt stärken

Je mehr Kinder in einer Familie leben, desto weniger Zeit haben die Eltern für das einzelne. Diese einfache Regel wird sich zwar auch in Ihrer Familie nicht außer Kraft setzen lassen. Achten Sie aber trotzdem darauf, daß Sie jedem Ihrer Kinder ausreichend Möglichkeiten für gemeinsame Aktivitäten mit Ihnen allein einräumen. Dann darf es endlich wieder im Mittelpunkt stehen und muß sich nicht die Aufmerksamkeit der Eltern erkämpfen. Sie werden sich wundern, welche Rücksichtnahme plötzlich der „Familienrambo" zeigt, wenn er mit der Mama etwas unternehmen darf, und wie auf-

Jedes Kind braucht ab und zu die ungeteilte Aufmerksamkeit der Eltern

geweckt das schüchterne Nesthäkchen wird, wenn es den lieben Papa ganz für sich allein hat.
Genauso wichtig ist es aber, daß das Kind seine Familie als Einheit erlebt. Wenn es die Geschwister als Mitglieder eines gutfunktionierenden Teams ansieht, wird es mit ihnen ganz anders umgehen, als wenn es sie als konkurrierende Rivalen betrachtet. Das Zusammengehörigkeitsgefühl fördern die Eltern am besten durch gemeinsame Freizeitaktivitäten der Familie. Egal, ob sich die Familie einen Spieleabend organisiert oder alle zusammen einen Schneemann bauen – das wichtigste ist, daß jeder Spaß daran hat und die Familie als Einheit erlebt.

Konkurrenzkampf unter Geschwistern – das können Sie tun:

- Mischen Sie sich nur bei ernsten Streitigkeiten ein.
- Zeigen Sie beiden Kindern, daß Sie sie lieben.
- Lieben Sie Ihre Kinder um ihrer selbst willen, nicht wegen ihrer Leistungen.
- Jedes Kind ist einzigartig: Vermeiden Sie Vergleiche zwischen den Geschwistern.
- Verbringen Sie immer wieder Zeit mit einem der Kinder allein.
- Loben Sie Ihre Kinder häufig.
- Fördern Sie den „Teamgeist“ unter den Geschwistern.

Wenn Eltern der Geduldsfaden reißt

Bislang haben wir nur über Ihre Probleme mit den Kindern gesprochen. Was aber, wenn die Eltern mal Fehler machen?
Auch sie sind keineswegs vollkommen und dürfen deshalb auch einmal die Fassung verlieren. Wenn Sie Ihr Kind ungerecht behandelt haben, sollten Sie dafür aber auch in jedem Fall geradestehen.
Frau L. hatte einen anstrengenden Tag. Das Baby war krank und entsprechend quenglig. Daß sie zusätzlich die Handwerker im Haus hatte und nachmittags

noch einen Arzttermin wahrnehmen mußte, machte die Sache nicht einfacher. Ihre Tochter, die vierjährige Carmen, war den ganzen Tag im Kindergarten und kam am Nachmittag voller Freude nach Hause. Sie hatte im Gegensatz zu ihrer Mutter einen tollen Tag. Im Hort war ein Clown aufgetreten, und sie hatte sich schon die ganze Zeit gefreut, der Mama von ihren Erlebnissen erzählen zu können. Sofort begann sie, aufgeregt loszuplappern. Sie erzählte von der großen roten Nase des Clowns und den lustigen Späßen, die er gemacht hat. Die Mutter aber wollte nur noch ihre Ruhe haben und schickte ihr Töchterchen auf ihr Zimmer. Als Carmen sich dagegen sträubte und zu quengeln begann, brüllte die Mutter los.
Zum Schluß saßen Mutter und Kind weinend am Boden. Die Mutter, weil sie mit den Nerven am Ende war, und das Kind, weil es sich völlig ungerecht behandelt fühlte.

Eine typische Situation. Die Mutter ist gereizt und läßt ihre schlechte Laune an ihrem Kind aus. Am nächsten Morgen – nachdem sie wieder ausgeruht ist – tut der Mutter ihr Verhalten leid. Dies sollte sie auch dem Kind gegenüber zum Ausdruck bringen:
„Es tut mir leid, daß ich dich gestern angebrüllt habe. Ich hatte so viel Arbeit, weil dein Geschwisterchen krank ist, die Handwerker da waren und ich auch noch zum Arzt mußte. Ich war schon genervt, bevor du nach Hause gekommen bist. Du konntest wirklich nichts dafür, daß ich ausgerastet bin. Entschuldige bitte.“
Jetzt weiß Carmen, daß Mamis schlechte Laune nichts mit ihr zu tun hatte und sie nicht auf sie böse war. Haben Sie keine Angst davor, Fehler einzugestehen. Dadurch verlieren Sie nicht an Autorität, sondern Ihr Kind lernt Sie als einen Menschen mit Stärken und Schwächen kennen. Es merkt, daß es völlig normal ist, Fehler zu machen, und dadurch kann es leichter eigene Fehler eingestehen. Wenn das Kind bei den Eltern gesehen hat, daß Entschuldigungen etwas völlig Normales sind, wird es auch eher eine Auseinandersetzung mit dem Geschwisterchen so beenden können.
Meist nehmen übrigens Kinder die Fehler ihrer Eltern weniger tragisch als diese selbst und sind schneller bereit zu verzeihen. In einigen Fällen läßt sich die Verletzung der kleinen Kinderseele aber nicht durch ein einfaches *„Es tut mir leid“* kurieren. Je nachdem, was vorgefallen ist, sollte die Entschuldigung auch mal ausführlicher sein. Wenn Ihr Kind nicht sofort auf Ihre Entschuldigung reagiert, lassen Sie ihm etwas Zeit.
Respektieren Sie sein Verhalten, und drängen Sie es nicht, Ihnen „wieder gut“ zu sein. Nur weil Sie den Wunsch haben, Frieden zu schließen, muß dies noch lange nicht auch das Bedürfnis Ihres Kindes sein. Geben Sie Ihrem Kind zu verstehen, daß die Angelegenheit für Sie erledigt ist und Sie jederzeit für es da sind, wenn es Sie braucht. Sie werden sehen, es wird nicht sehr lange dauern, dann sehnt sich auch Ihr Kind danach, von Ihnen in den Arm genommen zu werden.

Auch Eltern machen Fehler – sie sollten das ihren Kindern gegenüber ruhig eingestehen und sich dafür entschuldigen

Wenn es in der Ehe kriselt

Es dürfte jedem klar sein, daß auch die Kinder davon berührt werden, wenn es in der Beziehung der Eltern nicht mehr funktioniert. Für sie sind die Belastungen sogar oft noch größer als für die streitenden Ehepartner. Sie wissen nämlich nicht, warum die Eltern sich gerade anschreien oder sich so aggressiv verhalten. Sie können nicht richtig einordnen, ob es sich nur um eine harmlose Auseinandersetzung oder um eine schwere Ehekrise handelt. Daher betrachten sie jeden Streit als ernste Bedrohung.
Außerdem haben sie ja den Papa und die Mama lieb. Wenn sich die beiden Menschen, die sie am meisten lieben und brauchen, in den Haaren liegen, bricht für sie eine Welt zusammen. Viele Kinder versuchen dann zu schlichten, womit sie natürlich überfordert sind. Oft ernten sie für ihre Friedensbemühungen sogar noch Schelte von den Eltern, die ihren Streit nicht vom Kind unterbrochen wissen wollen. Einige Kinder glauben auch, selbst Auslöser der elterlichen Streitigkeiten zu sein und reagieren mit Schuldgefühlen. Natürlich kommt es auch in den besten Partnerschaften immer wieder mal zu Streitigkeiten. Nach Möglichkeit sollten Sie diese jedoch nie vor den Kindern austragen. Das gilt auch dann, wenn das Kind noch sehr klein ist. Selbst ein sechswöchiges Baby, das anscheinend noch nichts versteht, kann am Ton der Stimme erkennen, ob negative oder positive Gefühle mitschwingen.
Gerät Ihr Kind mal mitten in einen Streit, sollten Sie ihm, nachdem der Streit verraucht ist, den Grund für die Auseinandersetzung erklären und ihm versichern, daß zwischen Mama und Papa *„wieder alles gut ist“*.

Kinder spüren genau, ob sich die Eltern nach einem Streit wirklich versöhnt haben

Die Reaktionen der Kinder auf Streit im Elternhaus

Zanken sich die Eltern oft, hat dies auch Auswirkungen auf das Wohlbefinden der Kinder. Nachlassende Schulleistungen, Schlafstörungen, Bettnässen, Nägelkauen, Aggressivität, Depressionen und Angstgefühle sind die häufigsten Folgen. Doch nicht nur das – oft nimmt auch die Eifersucht des Erstgeborenen auf das Zweitgeborene zu.
Viele ältere Geschwisterpaare reagieren auf häufige Streitigkeiten der El-

tern damit, daß sie enger zusammenrücken und sich gegenseitig unterstützen. Oft wird bei ihnen auch der Beschützerinstinkt füreinander geweckt. Sie spüren instinktiv, daß sie jetzt mehr aufeinander angewiesen sind, und versuchen, sich gegenseitig die Streicheleinheiten zu geben, die sie von den sich zankenden Eltern nicht bekommen können.
Ganz anders ist das Verhalten jüngerer Kinder. Bei ihnen verstärkt sich der Konkurrenzkampf um die Liebe der Eltern. Dies gilt besonders dann, wenn ein Partner bereits aus der gemeinsamen Wohnung ausgezogen ist. Sie glauben, den einen Elternteil verloren zu haben, und setzen nun ihre ganze Hoffnung auf den zurückbleibenden Partner. Dessen Zuneigung wollen sie auf keinen Fall an das andere Geschwisterchen verlieren und reagieren verstärkt mit Eifersucht, Trotz oder Aggression.

Trennung der Eltern

Trennen sich die Eltern unmittelbar nach der Geburt des Geschwisterchens, verschärft dies die geschilderte Konkurrenzsituation zwischen den beiden Kindern noch zusätzlich. Da dann ein Elternteil allein die Babybetreuung übernehmen muß, steht für das Große noch weniger Zeit zur Verfügung. Der alleinerziehende Ehepartner sollte sich in dieser Situation Hilfe von allen nur möglichen Seiten sichern. Vielleicht kann ja die Oma einmal im Haushalt helfen, sich die beste Freundin einen Nachmittag um das ältere Kind kümmern oder Lieblingsonkel Ferdinand mit dem Erstgeborenen einen Besuch im Tierpark machen.
Eine Trennung bedeutet aber nicht, daß ein Partner aus seinen elterlichen Pflichten entlassen ist. Man sollte sich nicht scheuen, dessen Anteil an der Pflege- und Erziehungsarbeit einzufordern. Umgekehrt darf der in der Wohnung verbliebene Partner dem anderen nicht den Umgang mit den Kindern verbieten.
Für das Wohlergehen der Kinder ist es wichtig, daß der Kontakt zwischen ihnen und dem Partner, der die gemeinsame Wohnung verlassen hat, aufrechterhalten wird. Kümmert sich dieser weiterhin um seine Kinder, verringert dies auch die Konkurrenzsituation zwischen den Geschwistern. Erkennt das Älteste nämlich, daß es trotz der Trennung der Eltern nach wie vor von Mama und Papa geliebt wird, muß es nicht mit Eifersuchtsanfällen versuchen, sich die Liebe des zurückgebliebenen Elternteils zu sichern.

Auch nach der Trennung muß der Kontakt zu beiden Elternteilen aufrecht gehalten werden

UNSER TIP

Kinder können nichts dafür, daß sich die Eltern nicht mehr verstehen. Wenn Partner sich trennen wollen, ist dies o.k. – das heißt aber nicht, daß sich die Kinder deshalb von ihrem Papa oder ihrer Mama trennen wollen. Nehmen Sie bei einer Scheidung ruhig die Hilfe von Außenstehenden an. Adressen von Organisationen, die Eltern nach der Trennung mit Rat und Tat zur Seite stehen, finden Sie im Anhang dieses Buches.

Die Kinder nicht in den Konflikt einbeziehen

Mitunter versucht ein Elternteil, die Kinder auf seine Seite zu ziehen. Dann wird entweder der Partner schlecht gemacht, oder man versucht, durch plötzliche Nachgiebigkeit, die Kinder zu „bestechen". Das gelingt oft auch. Das Kind wendet sich zunächst wirklich dem Partner zu, der es verwöhnt. Langfristig aber rächt sich ein solches Verhalten. Hat das Kind erst einmal erkannt, daß es seine Zuneigung als Druckmittel einsetzen kann, wird es immer wieder versuchen, Vorteile zu erkaufen. Etwas Schlimmeres, als sein Kind als Waffe im Partnerschaftsstreit einzusetzen, kann man ihm kaum antun.

Ganz davon abgesehen, dürfen Eltern ihre Kinder niemals dazu zwingen, sich für einen von ihnen zu entscheiden. Dies würde das Kind, das beide Elternteile liebt, in einen schweren Konflikt stürzen.

Anhang

Bilderbücher zum Thema Schwangerschaft/Aufklärung

Cole, Babette: Mami hat ein Ei gelegt. Verlag Sauerländer, 1993.
Cousins, Lucy: Zazas kleiner Bruder. Verlag Sauerländer, 1995.
Fagerström, Grethe/ *Hansson,* Gunilla: Peter, Ida und Minimum. Familie Lindström bekommt ein Baby. Ravensburger Buchverlag, 26. Aufl. 1992.
Giommi, Roberta/ *Perrotta,* Marcello: Sie + Er. Siebert Verlag, 1994.
Janosch: Mutter, sag wer macht die Kinder? Mosaik Verlag, 1992.
Langreuter, Jutta/ *Sobat,* Vera: Der kleine Bär bekommt ein Geschwisterchen. ars edition, 1996.
Lindgren, Astrid: Ich will auch Geschwister haben. Oetinger Verlag, 1979.
Schneider, Sylvia/ *Rieger,* Birgit: Woher die kleinen Kinder kommen. Ravensburger Buchverlag, 2. Aufl. 1996.

Ein sehr gelungenes Bilderbuch, das sich mit dem Thema „Scheidung der Eltern" befaßt, ist Brown, Laurene-Krasny/Brown, Marc: Scheidung auf dinosaurisch. Carlsen Verlag, 1994.

Vielfach werden inzwischen auch **Aufklärungsvideos** für Kinder angeboten. Für die Altersgruppe der Fünf bis Neunjährigen ist der Film „Wo komme ich eigentlich her?" von Peter Mayle sehr zu empfehlen. Ihn kann man unter folgender Adresse bestellen:
Pro Familia Vertriebsgesellschaft
Niddastraße 76
60329 Frankfurt
Tel.: 0 69 / 25 19 30, Fax 0 69 / 23 72 27
Dort erhält man auch einen Katalog, in dem weitere Aufklärungsvideos und -bücher angeboten werden.

Weiterführende Literatur

Faber, Adele/ *Mazlish,* Elaine: Hilfe meine Kinder streiken. Knaur Verlag, 1990.
Gürtler, Helga: Kindersorgen – Elternsorgen. Ravensburger Buchverlag, 1996.
Kettner, Anne/ *Haug-Zapp,* Egbert: Das Kindergartenbuch. Rowohlt Verlag, 1990.
König, Uta (Hg.): Geschwister. Mosaik Verlag, 1991.
Krauß, Heike/ *Knoller,* Rasso: Keine Angst vor Trotzköpfen. Falken Verlag, 1996.
McDermott, John: Kain und Abel im Kinderzimmer. Heyne Verlag, 1991.
Nelsen, Jane u. a.: Der große Erziehungsratgeber. dtv, 1995.
Prekop, Jirina: Der kleine Tyrann. dtv, 1991.
Rollin, Marion: Typisch Einzelkind. Knaur Verlag, 1993.
Ruthe, Reinhold: Familie – Oase oder Chaos. Brendow Verlag, 1991.
Speichert, Horst/ *Schön,* Bernhard (Hg.): Eltern-Lexikon. Rowohlt Verlag, 1988.
Szonn, Gerhard: Mein Kind ist Bettnässer – was tun? Bonz Verlag, 1992.

Adressen

■ Einen ausführlichen Ratgeber mit den Adressen vieler Beratungsstellen erhält man kostenfrei beim Bundesministerium für Familie und Jugend in
Glinkastraße 24
10117 Berlin
Tel.: 0 30 / 20 65 50

■ Ein Verzeichnis von Erziehungsberatungsstellen verschickt die Bundeskonferenz für Erziehungsberatung e.V.
Herrenstraße 53
90763 Fürth
Tel.: 09 11 / 97 71 40, Fax: 09 11 / 74 54 97

■ Weitergehende Informationen, beispielsweise Hinweise auf regionale Beratungsstellen des jeweiligen Verbandes, erhält man bei folgenden Adressen:

Dachverband Arbeiterwohlfahrt
Oppelner Straße 130
53119 Bonn
Tel.: 02 28 / 6 68 50

Arbeitsgemeinschaft für Erziehungshilfe e.V. – Bundesvereinigung
Gandhistraße 2
30559 Hannover
Tel.: 05 11 / 51 12 12

Arbeitskreis überaktives Kind e.V.
Dietrichstraße 9
30159 Hannover
Tel.: 05 11 / 3 63 27 29

Berufsverband Deutscher Psychologen
Landesgruppe
Nordrhein-Westfalen
Hansaring 24
50670 Köln
Tel.: 02 21 / 9 13 10 13
Dort erhält man Anschriften von Familientherapeuten.

Bundesarbeitsgemeinschaft der Clubs
Behinderter und ihrer Freunde e.V.
Eupener Straße 5
55131 Mainz
Tel.: 0 61 31 / 22 55 14 oder 22 57 78

Bundesverband Neue Erziehung e.V.
Am Schützenhof 4
53119 Bonn
Tel.: 02 28 / 66 40 55 und
02 28 / 66 40 56, Fax: 02 28 / 66 77 93

Deutsche Arbeitsgemeinschaft für
Jugend- und Eheberatung
Bundesgeschäftsstelle
Neumarkter Straße 84 c
81673 München
Tel.: 0 89 / 4 36 10 91
Fax: 0 89 / 4 31 12 66

Deutsche Arbeitsgemeinschaft
Selbsthilfegruppen
Friedrichstraße 28
35392 Gießen
Tel.: 06 41 / 99 - 4 56 12
Hier erhält man auch Adressen von Selbsthilfegruppen sowie von regionalen Kontaktstellen

Bundesarbeitsgemeinschaft
für Erziehungsberatung
beim Caritasverband
Karlstraße 40
79104 Freiburg
Tel.: 07 61 / 20 00

Deutscher Kinderschutzbund
Bundesverband e.V.
Schiffsgraben 29
30159 Hannover
Tel.: 05 11 / 30 48 50

Deutsches Müttergenesungswerk
Deutenbacher Straße 1
90547 Stein
Tel.: 09 11 / 96 71 10

Diakonisches Werk der Evangelischen
Kirchen in Deutschland
Stafflenbergstraße 76
70184 Stuttgart
Tel.: 07 11 / 2 15 90

Eltern für aktive Vaterschaft – Verein
für die Förderung der gemeinsamen
Verantwortung von Vätern und Müttern
Friedrich-August-Platz 2
26121 Oldenburg
Tel.: 04 41 / 8 11 34
Fax: 04 11 / 8 11 65

Katholische Bundesarbeitsgemeinschaft für Ehe- und Familienberatung
Kaiserstraße 163
53113 Bonn
Tel.: 02 28 / 10 31

Pro Familia
Erziehungsberatung
Bodenseestraße 226
81243 München
Tel.: 0 89 / 8 97 67 30

Sozialdienst katholischer Frauen e.V. Ortsgruppe
Münsterplatz 57
44145 Dortmund
Tel.: 02 31 / 8 61 08 50

Väteraufbruch für Kinder e.V.
Werderstraße 20 a
13587 Berlin
Tel: 0 30 / 3 36 30 40

■ Mit den Problemen von Scheidungskindern befassen sich die folgenden Organisationen:

Intakte Elternschaft trotz Trennung/Scheidung
Germersheimer Straße 26
81541 München
Tel.: 0 89 / 49 64 11

Verband alleinerziehender Mütter und Väter e.V.
Beethovenallee 7
53173 Bonn
Tel.: 02 28 / 35 29 95

Register

Im FALKEN Verlag sind zahlreiche Titel zum Thema „Kinder und Erziehung" erschienen. Fragen Sie Ihren Buchhändler.

Sie finden uns im Internet:
www.falken.de

Dieses Buch wurde auf chlorfrei gebleichtem und säurefreiem Papier gedruckt.

ISBN 3 8068 1874 6

Umschlaggestaltung: Elisabeth Berthauer
Layout: Hartmut Steinebrunner, Frankfurt/M.
Redaktion: Herbert Habicht/Elke Müller
Herstellung: Albert Brühl
Titelbild: The Stock Market, Rob Lewine, Düsseldorf
Foto Umschlagrückseite: The Stock Market, Ariel Skelley, Düsseldorf
Fotos: FALKEN Archiv: S. 7, 17, 36, 46, 70 (Ehrhardt), 1, 2, 4, 21, 29, 38, 40, 51. 53. 55, 77 (Heidi Velten); **IFA-Bilderteam,** Frankfurt: S. 11 (Oertel), 24 (Photex), 25 (Pickerell), 48 (Heinz Koch), 57 (Int.Stock), 59, 73 (J. Heron); **KAEMPRE,** Hannover: S. 15, 43 (P. E. Kämmer); **U. Niehoff,** Bienenbüttel: S. 5, 6, 8, 9, 14, 27, 31, 33, 62, 68, 74; **Silvestris-Fotoservice,** Kastl/Obb.: S. 45 (Ladislav Janicek), 65 (Siegfried Kerscher)

Satz und Lithografie: Grunewald GmbH, Kassel
Druck: Appl, Wemding

817 2635 4453